पर्यावरण - विश्व इतिहास, प्रदूषण और अर्थव्यवस्था

द्वारा

शुभांग दीक्षित,

कुलदीप धाकड़

ISBN 978-93-5610-475-4

Published in India 2022 by Pencil

A brand of
One Point Six Technologies Pvt. Ltd.
123, Building J2, Shram Seva Premises,
Wadala Truck Terminal, Wadala (E)
Mumbai 400037, Maharashtra, INDIA
E connect@thepencilapp.com
W www.thepencilapp.com

Author biography

यह किताब आम जन-मानस में पर्यावरण के प्रति चेतना जागृत करने एवं पर्यावरण शिक्षा के मूल को समझाने के भाव से लिखी गई है।

लेखकों द्वारा विश्व इतिहास में हुई प्रकृति के प्रति बर्बरता और उससे हुए प्रदूषण तथा हरित अर्थव्यवस्था को नए सामाधान के रूप में दिखाया है एवं विश्व और भारत के पर्यावर्णीय कानूनों के चरणबद्ध विकास व उद्देश्य को भी किताब में देखा जा सकता है।

लेखकों द्वारा उन घटनाओं का भी उल्लेख किया है, जिसने पर्यावरण को झिंझोड़ कर रख दिया है।

लेखक परिचय -:

शुभांग दीक्षित :- आप एक सामाजिक विचारक और सामाज-सेवी है, आपके द्वारा पर्यावरण चेतना के लिए कई कार्य किये गए हैं एवं कई गैर- सरकारी संस्थाओं के संस्थापक तथा अध्यक्ष के रूप में कार्य कर चुके हैं व वर्तमान में कई गैर -सरकारी संस्थाओं में कार्यरत है।

आपकी शैक्षणिक प्रष्ठभूमि विज्ञान रही है और इन्होंने विज्ञान में स्नातक किया है।

कुलदीप धाकड़ -: आप एक समाज-सेवी तथा पर्यावरण शिक्षा के लिए कार्यशील है, आपकी शैक्षणिक योग्यता पृथ्वी

विज्ञान से स्नातक है। इनकी भूमिका कई गैर - सरकारी संस्थानों में प्रमुख रूप में रही है।

अनुक्रमांक

पर्यावरण का महत्त्व

पर्यावरण केवल एक आवश्यकता नहीं अपितु यह जीवन का एक आधार है,जो कि मनुष्य के लिए ही नहीं हमारे आस- पास के जीव जंतुओं के लिए भी आवश्यक है| केवल पर्यावण वह नहीं जो आज तक हम समझ रहे थे|

पर्यावरण वह स्तिथि भी है,जहां हम जीवन के हर तत्त्व को समझ कर उसे जीवन के प्रयोग में लाते हैं |

पर्यावरण पृथ्वी पर स्थित एवं प्रयोग में आने वाले सभी जीव एवं निर्जीव वस्तु भी है,किंतु पर्यावरण को केवल पृथ्वी तक ही समझना उचित नहीं होगा |

पर्यावरण हर प्रकार का वह तत्व भी है,जो पृथ्वी से अन्तरिक्ष में होने वाले सभी परिवर्तन पर आधारित है|

पर्यावरण के प्रति आवश्यक दृष्टिकोण

जहाँ तक कि पृथ्वी के बाहर भी अब हम काफी आगे जा चुके हैं,पर्यावरण जो कि हमारे अन्दर भी और बाहर भी मौजूद है।

यहाँ अन्दर का अर्थ मानव शरीर और उसकी कल्पनाशक्ति से है,साथ ही बाहर का अर्थ अन्तरिक्ष से है,यह हमें सीधे नहीं दिखते किन्तु मानवीय गतिविधियों से प्रभावित है और मानव को भी प्रभावित करता है|

हमें पर्यावरण को बनायें रखना है या हमारे ही द्वारा नष्ट करना है,यह हमारी आदतों और उद्देश्यों पर निर्भर है|

हमने अपने सुख – सुविधाओं के नाम पर पर्यावरण को नष्ट कर दिया है| हम यह भी भूल गए कि,हम खुद मानव भी पर्यावरण का अहम हिस्सा है,पर्यावरण नष्ट होगा|

हम खुद भी नष्ट हो जायेगें | अब हमको पर्यावरण को नष्ट करना ,मतलब खुद को नष्ट करना ,तो खुद को नष्ट करना है या बचाना है|यह आगे निर्धारित करना होगा |

अब जगाने की जरूरत है,यह मानव के साथ ऐसा प्रतीत होता है,जैसे कोई सांप के -

“ कोई सर्प अपने ही पूंछ को ही खाते जा रहा है

और खुद को ही ख़त्म करता जा रहा है साथ ही

दुख प्रकट कर रहा ,जबकि कारण वह खुद है “

मानव भी उसी प्रकार खुद को पर्यावरण के रूप में

खाते जा रहा है, हमें इसे बचाने का प्रयास करना है | हम किन उद्देशों को लेकर जी रहे हैं और किन उद्देशों को लेकर जीना है,यह निश्चित करना होगा।

अपनी आदतों में परिवर्तन करने की आवश्यकता है, हमारे द्वारा प्रयोग में लाए जाने वाली वस्तुओं पर नियंत्रण लाने की जरूरत है, नहीं तो जीवन ज्योति पर नियंत्रण लगने में अधिक समय नहीं लगेगा। .

जो कि हम हाल ही के दिनों में कोविड के रूप मे देख चुके हैं, अब भी नहीं संभले तो परिणाम और कितने गंभीर हो सकते हैं ,जिसकी हम कल्पना भी नहीं कर सकते हैं, हमें पर्यावरण को जीवंत रखने के लिए,आदतों कों जीवन पर्यावरण के केंद्र में रख कर जीवन उदेश्य निर्धारित करने की आवश्कता है|

हमारी आदतें पर्यावरण को लेकर उसी प्रकार हैं ,जैसे हमारी स्मोकिंग की आदत,जो हमें नुकसान करती हैं पर हम उसे छोड़ना ही नही चाहते शायद यह हमें झूठा सुख देती है,मगर नुकसान भी करती है| उसी प्रकार पर्यावरण को प्रदूषित कर रहे हैं,यह हमने अपनी आदत बना ली है, जिससे निजात पाने की आवश्यकता है और झूठे सुख को छोड़ना चाहिए और प्रकृति के असल आनंद को चुनना चाहिए,क्योंकि यह चिरजीवी है, यह प्रकृति में जाकर मिलता है|

अब हमें प्रकृति को अपने आसपास लाना होगा ।जिसे हमने आपने झूठे जाल में खत्म कर दिया साथ ही कॉन्क्रीट के जंगल खड़े करने के रूप में और अंधे- शहरीकरण करते जा रहे हैं ,यह भू – जल को तो पूरी तरह लील चुका है|

इसका एक परिणाम शहरी तापमान भी सामान्य से अधिक होता है,यह अधिक वर्षा का कारण भी बन जाता और हाल के दिनों में पुणे हैदराबाद में देखा गया है, छोटे शहरों में बड़े शहरों की अपेक्षाकृत स्थितियाँ अधिक प्राकृतिक और संतुलित होती हैं और इसलिए बड़े शहरों को भी प्रकृति के करीब रखने की आवश्कता है|

समय और ऊर्जा बचाने के लिए कई खोजें की हैं जो आम जीवन को सहूलियत तो देती हैं,पर प्रकृति को नष्ट भी कर रहें हैं। पर्यावरण(प्रकृति) ने हमें जो अत्यंत जीवन दाई तत्व भरपूर मात्रा में प्रदान किये हैं । जैसे - वायु , जल , अन्न , आदि। वायु यह पेड़ो से ऑक्सिजन के रूप में हमे प्राण शक्ति देते हैं और उन्हें ही सहेज कर रखने की ज़रूरत है|

मानव की असीमित क्षमता और मनःस्थिति

हमने कई प्रकार के नये ग्रहों को भी खोज निकाला है और पृथ्वी के आस - पास के वातावरण की भी नई खोजें सामने आई है | यह कुछ भी नहीं मनुष्य आज मंगल तक पहुँच कर नई- नई खोज भी कर रहा है और वहां जीवन की संभावनाओं पर भी बात कर रहा है |

कुछ और खोजों के अनुसार हमने ब्रह्मांड में पृथ्वी जैसे कुछ ग्रहों को भी ढूंढ निकाला हैं, किन्तु दूरियां अधिक होने के कारण हम वहां तक जा नहीं सकते हैं |

यह सब सुनने में कितना मधुर लग रहा है, कि हम चाँद तक पहुँचे, फिर हम मंगल तक ,अब कई नए ग्रहों व ब्रह्मांडों की भी खोज कर ली है या खोज जारी है पर हमने कभी भी उन सब प्रयासों के दुष्प्रभावों के विषयों पर नहीं सोचा है, क्योंकि हमें केवल अपनी आवश्यकतों की पूर्ति करनी है |

किन्तु क्या हमारी इस प्रकार की आवयश्कतापूर्ति के चलते हम भविष्य के नये आने वाले खतरों को तो नहीं दावत दे रहें हैं, क्योंकि हम मंगल पर जाना ही इसलिये चाहते हैं,ताकि जब पृथ्वी नष्ट हो तो हमारे पास अन्य ग्रहों पर भी जाने के रास्ते हों और पृथ्वी को खतरा प्राकृतिक आपदाओं से ज़्यादा मनुष्य के द्वारा किये जा रहे प्रकृति के अधिक दोहन से है|

मनुष्य ने पृथ्वी को तीव्र गति से नष्ट करने के हर सम्भव प्रयास कर लिये है और लगातार और नए – नए प्रयास तो कर ही रहा है।

दिन - प्रतिदिन जैसे - कार्बन का हद से ज़्यादा प्रयोग, कई प्रकार के हथियारों का प्रयोग जो कि बहुत अधिक खतरनाक व कई प्रकार की गैसीय प्रदूषण का कारक भी हैं ,और यह केवल एक देश नहीं कर रहा हैं, यह तो होड़ सी लग गई है, हर देश के बीच और वह एक दूसरे से लगातार बेहतर बनाने के लिए अधिक से अधिक नए तकनीक वाले हथियारों को बना रहे हैं, एक तरह से देखा जाए तो यह पृथ्वी को खत्म करने के प्रयास से ज़्यादा और कुछ नहीं क्योंकि अगर यह प्रयोग में लाये गए तो केवल सर्वनाश ही होगा |

जो कि मानव जाति के लिए बहुत अच्छी खबर तो है नहीं और पर्यावरण और वातावरण केवल हर देश के लिए आडम्बर से ज़्यादा और कुछ नहीं हैं, क्योंकि पर्यावरण और प्रगति में केवल हर देश लगभग प्रगतिशील होना ही प्राथमिकता मानता है|

यहाँ तक कि यह भी नहीं कि पर्यावरण को साथ लेकर आधुनिकता के प्रयास किए जाए वह कम ही देशों के विचारों में दिखता है|

यह भी नहीं कहा जा सकता कि सरकारें प्रयास नहीं कर रही हैं,परन्तु पर्यावरण के साथ प्रगति हो यह विचारों को साथ लेकर चलने वाले देशों की संख्या उँगलीयों में गिनी जा सकती है|

जो देश सतत विकास को चुन रहे हैं, जिसमें पर्यावरण एक महत्त्वपूर्ण भूमिका निभाता है|

मानव कृत्यों से उपजे दुष्परिणाम

वैज्ञानिकों की माने तो समुद्र ऑक्सिजन की 50-80% तक पूर्ति करता हैं हम उसे भी नष्ट करने पर तुले हुऐ हैं | तटीय क्षत्रों में प्लास्टिक के प्रयोग एवं समुद्री जहाजों के ट्रैफिक के कारण कई समुद्री जीवों को नुकसान हो रहा है|

जो समुद्रीय पारिस्थितिक तंत्र को नष्ट कर रहा और यह बड़ी आपदा का कारण हो सकता है।

वायु प्रदूषण की स्तिथि यह है कि ,WHO के अनुसार 7 मिलियन लोगों की मृत्यु प्रत्येक वर्ष विश्वभर में होती है, यह विश्वभर की 9% मृत्युओं का कारण है |

इसके लिए विश्व एवं राष्ट्रीय स्तर पर नियम बनाए हैं यह काफी नहीं है,वायु प्रदूषण में कार्बन उत्सर्जन एक तत्व है। जिसे नियंत्रित करने के लिए जंगलों को लगाने की जरूरत हैं ,कार्बन उत्सर्जन को नियंत्रित कर सके और मानव चाहे तो इसे संभाल सकता है।

फॉरेस्ट सर्वे ऑफ इंडिया की रिपोर्ट 2019 के अनुसार वर्तमान स्तिथि में 33% जंगल होने चाहिए, यह अभी 24% है।

हम जंगलों को किस प्रकार नष्ट कर रहे हैं कि विश्वभर में 24 घंटे में 6,618,240,000 स्क्वायर फीट एरिया नष्ट कर देते हैं |

मानव द्वारा निर्मित संसाधनों और जीवन शैली ने ग्रीन हाउस गैस की बढ़ती मात्रा से ग्लेशियर पिघल ने की गति बढ गई है, यह एक आपदा को न्योता जैसा है।

जिसके चलते समुद्री जल स्तर 21 वी के अंत तक 3.61 फीट हो जाएगा यह तटीय शहरों के लिए घातक होगा दिन ब दिन बढ़ते समुद्री तूफान भी इसी का एक कारण है|

समुद्री पवनों को भी यह प्रभावित कर रहा है।जलवायु परिवर्तन भी एक प्रमुख प्रभाव है ।

जिससे कभी सूखा तो कभी अधिक वर्षा जैसे प्रभाव देखने को मिलते हैं , साथ ही यह फसलों को भी प्रभावित करता है|

इसके पहले हमें एस विकास की पद्धति को समझना होगा |

मानव द्वारा निर्मित घातक और विषैले तत्व

यह किस प्रकार का विकास है, जिसमें हम पर्यावरण को नहीं विकास को पैमाना मानते हैं|

जहाँ विकास तो होता है,किन्तु पर्यावरण को प्राथमिकता नहीं दी जाती है|जिस प्रकार के प्रयास वैश्विक स्तर और व्यक्ति के स्तर पर हो रहे है,यह जमीनी हकीकत से दूर है|

प्लास्टिक बंदी का नारा केवल खानापूर्ति ही कहा जा सकता हैं | यह बौद्धिक चर्चा का विषय बन कर रह गया है और सत्य से काफी दूर है, जहाँ एक तरफ तो प्लास्टिक को बंद करने की बात करते हैं किन्तु दूसरी तरफ विश्व भर में प्लास्टिक का 2010 में 270 मिलियन मेट्रिक टन का प्रयोग था|

यह 2020 में बढ कर 367 मिलियन मेट्रिक टन हो गया है, यह लगभग 34% बढ गया है|प्लास्टिक का पहला उत्पादनपोलीबैग 1907 से लेकर 1950 तक प्लास्टिक का उपयोग सीमित ही रहा है|

किन्तु 1950 से 2020 आते - आते यह अचानक जीवन का हिस्सा हो गया है|

प्लास्टिक का प्रयोग लगभग 200 गुना बढ़ गया पिछले 70 वर्षों में ,इसका अर्थ हैं कि अब किस हद तक प्लास्टि का असीमित उपयोग हो रहा है|

यह दुनियां दो- तिहाई जनसंख्या के वजन के बराबर है , हम वर्ष भर में उत्पादित कर लेते हैं, और उपयोग में लाते हैं|

स्तिथियां इतनी विकट हो चुकी हैं ,उत्पाद की बात करें तो प्लास्टिक का उत्पादन 1950 से अब तक हम लगभग 8.3 बिलियन टन प्लास्टिक निर्मित कर चुके हैं |

इसको अन्य दृष्टिकोण से देखा जाये तो जितना उत्पाद 1950 से लेकर 2005 तक किया गया 'अर्थात जितना उत्पाद हमने 55 सालों में किया, उतनी ही मात्रा का उत्पाद हमने 2005 से 2020 तक कर दिया है|

2021 में भी नहीं लग रहा की हम इसके उपयोग और उत्पादन

की रफ़्तार कम कर रहे हैं|

दुर्भाग्य यह कि प्लास्टिक को हम पुनः प्रयोग में ला पाते हैं, हम रीसायकल करके कुल उत्पाद का सिर्फ 9% ही है|

मानव द्वारा दुनियाभर के समुद्रों में लगभग हर साल मानव द्वारा 12 मिलियन टन प्लास्टिक पहुँचा दिया जाता है|लगभग अभी तक 150 मिलियन टन तक समुन्द्रों में जा चुका है|

पर गंभीर स्तिथि केवल यह नहीं हैं कि अभी तक इतना प्लास्टिक

वेस्ट के रूप में सामुद्रों में डाला गया है ,गंभीर स्तिथि यह भी है,

अभी भी हम रुक नहीं रहें हैं |

अनुमान के अनुसार 2050 तक 12 बिलियन टन प्लास्टिक उत्पादित कर हम अपने पर्यावरण में फेक चुके होंगे जो कि बहुत चिंता का विषय है|

नदी पर पड़ने वाले प्लास्टिक के दुष्प्रभाव जैसा कि हम सब जानते ही हैं , प्लास्टिक हमारे जीवन में कितनी घातक होने के बाबजूद भी कितनी ज़रूरी बनती जा रही है|

हमारे जीवन में तो इसके दुष्प्रभाव हम देख ही रहे हैं,पर नदींयों में भी इसका कितना दुष्प्रभाव है,जो अकल्पनीय है|

आइये नज़र डालते हैं - वैसे , तो गंगा नदी हमारे यहाँ धार्मिक दृष्टि से सबसे पवित्र मानी जाती है|

मगर उसकी वर्तमान स्तिथि की बात तो दुनियां की 5वी सबसे प्रदूषित नदी है, यह लगभग 11 राज्यों से होते हुए 500 मिलियन लोगों तक जल देकर या उनके जन जीवन का हिस्सा बनके भारत की जीवन रेखा के नाम से भी जानी जाती है|

जिसमें हम हरवर्ष 12 लाख टन प्लास्टिक गंगा नदी में प्रवाहित कर देते हैं|गंगा नदी का लगभग 600 कि.मी का क्षेत्र डेड जोन बन चुका है, जिससे मानव स्वास्थ्य भी प्रभावित हो रहा है|

जिसके चलते मानव में गंगा के प्रदूषित जल को प्रयोग में लाने से होने वाली बीमारियाँ 80% स्वास्थ्य समस्या का कारण हैं, जिसमें प्रदूषित जल से होने वाली बीमारियाँ जैसे -- कोलेरा ,टाइफाइड, हेपेटाइटिस , अमोइबिक ,डिसेंट्री आदि |

इसी प्रकार अन्य नदियां ब्रह्मपुत्र ,इंडस और हमारी पवित्र गंगा 90% प्लास्टिक प्रदूषण का वहन करती है,यह प्लास्टिक नदियों के माध्यम से समुद्र तक पहुँच जाता है|

मानव जीवन शैली द्वारा विलुप्त होते पक्षी

संतुलन के सूचक –प्रकृति में अनेक जीव जंतु रहते हैं, और अपना जीवन यापन कर वह प्रकृति को बनाए रखते हैं और यह प्रकृति का अहम हिस्सा है|

जिस प्रकार शरीर में शुगर का कम हो जाना या बी.पी का बढ जाना शारीरिक बीमारियों का सूचक है|

उसी प्रकार प्रकृति में पक्षियों का अचानक कम हो जाना और कीटों का अचानक बढ़ जाना प्रकृति का अस्वस्थता (असंतुलन) होने का सूचक है|

मानव द्वारा प्रयोग में लाये गए प्रदूषक तत्वों से कई पक्षियों का अस्तित्व ख़त्म होने की कगार पर है|

लगभग 11,154 ज्ञात पक्षी प्रजातियों में से, 159 (1.4%) विलुप्त हो गई हैं, 226(2%) गंभीर रूप से संकटग्रस्त हैं, 461 (4.1%) संकटग्रस्त हैं, 800 (7.2%) असुरक्षित हैं और 1018 (9.1%) संकट निकट है।

इन प्रवृत्तियों का अध्ययन करने वाले वैज्ञानिकों के बीच आम सहमति बनी यदि पर्यावरण पर मानव द्वारा शोषण जारी रहता हैं, तो इससे पक्षियों की सभी प्रजातियों का एक - तिहाई हिस्सा हैं और 21 वी सदी के अन्त तक मानव कृत्यों द्वारा पक्षियों की आबादी का एक बड़ा हिस्सा.समाप्त हो जायेगा |

पिछले 600 वर्षों में पक्षियों की लगभग 150 प्रजातिया पूर्णतः

विलुप्त हो चुकी है| यह लाखों वर्षों में प्रकृति द्वारा सहेजी हुई विरासत का मानव क्रियाओं द्वारा किया गया विनाश है|

ऐसा नहीं है कि प्रकृति खुद के द्वारा उत्पन्न किये गए जीवों को स्वाभाविक रूप से लम्बे समय में खत्म करते हैं जैसे डायनासोर यह प्रकृति का अहम् हिस्सा था और प्राकृतिक घटनाओं से ही पूर्णतः समाप्त हुआ,किन्तु पक्षियों के साथ ऐसा नहीं है|

पक्षियों की विलुप्ति में मानव भी एक प्रमुख कारण है|एक अनुमान के अनुसार प्रत्येक तीन – चार वर्षों में पक्षियों की एक प्रजाति पूर्णतः विलुप्त हो जाती है|

अधिकांश पक्षीयों की विलुप्ति का क्षेत्र न्यूज़ीलैंड, ऑस्ट्रेलिया,फिजी,और पापुआ, न्यू –गिनी जैसे देशों में पक्षियों की विलुप्ति पिछ्ले कुछ वर्षों में तीव्र गति से नकारात्मक रूप से प्रभावित हुई है|

उत्तरीय अमेरिका में पाई जाने वाली वुड थ्रस नाम की पक्षी प्रजातियों की आबादी पिछ्ले 50 वर्षों के अन्दर ही आधी रह गई है|

अमेरिकन कंजर्वेट्री के अनुसार,पश्चिमी देशों में पक्षियों की लगभग 12 % प्रजातियाँ इस तीव्र गति से घट रही हैं और अगली सदी तक पूर्णतः विलुप्त हो जायेंगे| हम प्रकृति के चमत्कार का नमूना पक्षियों के द्वारा देखें तो जीवंतता दृष्टिगोचर होती है|

उदाहरण -: एक छोटा सा लिटिल स्टेंट पक्षी 8000 किमी का सफर तय करके साइबेरिया से हर साल तमिलनाडु के पॉइंटर कलिमेर में आते हैं,यह उसका प्रजनन क्षेत्र है|

इसमें लगातार मानवीय हस्तक्षेप बढने से इन पर गहरा प्रभाव पड रहा है, यह चिड़ियाँ मिलों की दूरी तय करके एशिया तक पहुँचती हैं|

यूरोप से अपना रास्ता खुद याद रखती और समय (ब्राडिंग साइकिल) पूरा होने पर चली जाती है|देखिए केवल मानव ही नहीं है, पशु एवं पक्षी भी अपना रास्ता याद रख छुट्टियाँ बिताने बाहर जाते हैं, मगर लगातार मानव अपने संसाधनों के प्रयोग बढ़ा रहा जिससे पक्षियों पर प्रभाव पड़ रहा है|

जिसके चलते पक्षी अपने रस्ते को याद नहीं रख पा रहे हैं और रास्ता भटक रहे हैं|

उदाहरण –

1.] मोबाइल टावर से निकलने वाली रेडियो एक्टिव किरणों से अपनी जान भी खो देते हैं|

2.] वनों का अत्यधिक कटाव से उनके रहवास ख़त्म हो रहे हैं |

3.] अंधा- शहरीकरण भी उनके विनाश का कारण हैं|

4.] वायु प्रदूषण भी कारक है एवं उनकें लिए खाद्य पदार्थो की भी कमी आड़े आ रही है|

निम्नलिखित पक्षियों पर प्रमुख प्रभाव पडा है-

1.] बेरस पोचार्ड (बतख)

यह मुख्यतः पूर्वी एशिया के देशों में पाए जाते हैं|

जैसे -चाइना, वियतनाम, जापान और भारत IUCN ने इस पक्षी को विलुप्त प्रायः में रखा है, इनकी प्रजातियाँ 1000 से भी कम संख्या में बची हुई हैं, यह एक चिंता का विषय है|

2.] साइबेरियन क्रेन (स्वों क्रेन)

यह पक्षी पूर्वी रूस और पश्चिमी आर्कटिक टुन्ड्रा क्षेत्र में पाए जाते हैं,सर्दियों के समय इनमें से कुछ चीन और कुछ भरतपुर(भारत) में पलायन करते हैं |

इनकी जनसंख्या 2010 के आकड़ों के मुताबिक केवल 3200 बची है|

जिसमें से इनकी 95% प्रजाति चाइना के पोयांग झील की ओर माइग्रेट करती है|चीन में हाइड्रो पॉवरस्टेशन के लिए थ्री गोअर्गेस डेम बनने के कारण इन पक्षीयों की अचानक जनसंख्या में गिरावट आई क्योंकि, यह उनका आवास स्थल रहा है ,किन्तु मानव ने अपने स्वार्थ के लिए इन्हें समाप्ति की ओर धकेल दिया है|

3.] स्पून बिल्लेद सेंडपाइपर

यह उत्तर पूर्वी रूस में और साउथ इस्ट एशिया में पायी जाती है,

2500 से भी कम बचे हुये है |

इनके विलुप्त होने का कारण प्रवास क्षेत्रों का ख़त्म होना है और उनका मानव द्वारा शिकार करना प्रमुख विलुप्ति का कारण है और हो सकता है,यहीं स्तिथि रही तो हम इन खूबसूरत पक्षीयों को मात्र किताबी तस्वीर में ही देख पायेंगें|

4.] वाइट बेल्लिएद हेरॉन,

यह पूर्वी हिमालय की तलहटी में पाए जाते है, यह भारत,भूटान,उत्तरी बांग्लादेश और म्यांमार में मुख्य तौर पर पाए जाते हैं, यह अब विलुप्ति कि ओर है|

वर्तमान में इनकी जनसंख्या केवल 300 ही बची हुई है|I.U.C.N ने रेड लिस्ट में रखा हैं इनकी विलुप्ति का प्रमुख कारण मानव हस्तक्षेप और हैबिटैट लोस है|

-

5.] बंगाल फ्लोरिकां

इसे बंगाल बस्टर्ड के नाम से भी जाना जाता है|यह भारतीय उप –महादीप ,कम्बोडिया और वियतनाम में पाये जाते हैं|

वर्तमान में 1000 से कम संख्या में ही बची हुई हैं|जिसका प्रमुख कारण मानव हस्तक्षेप है नेशनल पार्क तथा सेंचुरी को निर्मित कर सरकारों ने इन्हें बचाने के प्रयास किये हैं|

मगर वो बहुत ना काफी है|इसके बाबजूद भी डिब्रू-सैखोवा,काजीरंगा नेशनल पार्क और दुधवा टाइगर रिज़र्व में भी संख्या में कमी आ रही है|.

अगर हम चाहते है कि यह बचे रहे,तो हमें और भी गंभीर प्रयास करने होगें नहीं, तो ये केवल तस्वीरों में ही देखने को मिलेंगे प्रकृति की खूबसूरती पक्षीयों के रूप में हमसे दूर हो जाएगी |

6.] ग्रेट इंडियन बस्टर्ड

यह एक सबसे बड़े आकार के उडनें वाले और सबसे बज़नीला पक्षी है| भारतीय उपमहादीप के सूखें सपाट क्षेत्र में पाए जाते हैं, दुखद बात यह है कि, 2011 में इनकी 250 की संख्या में अनुमानित थी|

यह हाल के आंकड़ों के मुताबिक 2018 मात्र 150 ही बचे हुए हैं,इनके विलुप्त होने के कारण मानव शिकार और रहवास का ख़त्म हो जाना है|

7.] जेर्दोंस कोउर्सेर

यह भारत के ईस्टर्न घाट आन्ध्र प्रदेश के श्रीलंकामेश्वर वाइल्ड लाइफ सेंचुरी में यह मुख्यतः पाए जाते हैं,मगर इनकी जनसंख्या सरकार द्वारा निर्धारित की गई है ,वह केवल 50 - 250 के बीच में है|

सरकार ने उनको बचाने के प्रयास में जागरूकता अभियान के तहत पोस्टल स्टाम्प भी निकाला है,इनकी विलुप्ति का कारण प्राकृतिक जंगलों को ख़त्म करना है|

इनके बचाव के लिए एक कार्यक्रम सरकार द्वारा चलाया गया है,जिसका नाम तेलगू गंगा प्रोजेक्ट है|

वाइल्ड लाइफ प्रोटेक्शन एक्ट 1972 के अनुसार इसका शिकार कानूनी अपराध माना है|इसके बाबजूद अभी भी इसका शिकार पूर्णतः बंद हुआ नहीं है, यह बहुत ही चिंताजनक है|

8.]सोसिअबल लप्व्लविंग

यह मुख्य रूप से कजाकिस्तान,रूस किर्किस्तान,उजबेकिस्तान, तुर्कमेनिस्तान,अफगानिस्तान,आर्मेनिया,जॉर्जिया,भारत आदि देशों में पाए जाते हैं, अचानक से इनकी संख्या कम होती जा रही है,1930 से अब तक 90% तक इनकी संख्या कम हो चुकी है|

9.] वल्चर (गिद्ध)

वल्चर (गिद्ध) इनकी विश्वभर में कई प्रजातियाँ पाई जाती हैं, इनका मुख्य भोजन मरे हुए जानवर होते हैं, जिनको खाकर अपनी भूख मिटाने के साथ- साथ यह पर्यावरणीय पारिस्थितिकी को नियंत्रित करते हैं |

इनकी प्रजाति अब पूर्ण विलुप्ति की ओर है,यह पर्याबरण के लिए अत्यंत घातक घटना है|

10 .] भारतीय वल्चर (गिद्ध)

यह भारत, पकिस्तान और नेपाल में पाये जाते हैं|

इनको I.U.C.N ने रेड लिस्ट में 2002 से रखा है ,यह लगभग विलुप्त हो चुके है,जिसका प्रमुख कारण दिक्लोफेनाक (diclofenac) यह नॉन-स्तेरोइडल एन्टी-इंफ्लेमेटरी (NASAID) है|

जिसे जानवरों को दिया जाता था और उन्ही जानवरों को वह भोजन के रूप में खा लिया करते थे,जिसकी वजह से गिद्ध में किडनी फ़ैल होने जैसी घटना सामने आई उनका असर गिद्ध पर पड़ा जिससे उनकी तादात लगातार कम हुई और यह एक प्रमुख कारण के तौर पर देखा गया है|

1980 में 80 मिलियन वाइट रुम्पेद वल्चर (गिद्ध) जो वर्तमान में केवल हजारों की संख्या में बचे हुए हैं, हालाँकि सरकार ने 2006 में दिक्लोफेनाक (Diclofenac) ड्रग को जानवारों को देने पर रोक लगा दी है|

यह सरकार का अच्छा कदम है किन्तु पर्याप्त नहीं है|सरकारों को और भी कड़े कदम उठाने चाहिए ताकि ऐसे पक्षियों को बचाया जा सके और पर्यावरण के खाद्य चक्र को बचाया जा सके यह मानव और पक्षियों के लिए अत्यंत आवश्यक है|

वल्चर (गिद्ध) के ख़त्म होने के कारण प्रमुख नुकसान यह है|जो जानवर मरते हैं और मरे हुए जानवरों को खुले में डाल दिया जाता है|

जिससे कई बीमारियाँ फैलती हैं और अन्य जानवरों के द्वारा उन मरे हुए जानवरों को खाए जाने से कई तरह की जूनोटिक बीमारियाँ जैसे - एनिमल फ्लू,एंथ्रेक्स , बर्ड फ्लू,बोविन टूबर क्लोस्सिस रेबीज आदि जन्म लेती है|

मानव द्वारा अप्राकृतिक तत्वों का निर्माण पर्यावरण विनाश और इतिहास

मृदा प्रदूषण -

मृदा प्रदूषण अन्य प्रदूषणों से भिन्न है,क्योंकि यह बहुत लम्बे समय में अपना प्रभाव दिखाता है, मगर यह अति घातक है|

यह मृदा को नकारात्मक प्रभावित करता है ,जिससे मिट्टी की उर्वरक क्षमता कम हो जाएगी जिसका सीधा प्रभाव कृषि पर पड़ेगा यह खाद्य समस्या को जन्म देगा और भुखमरी का कारण बन जायेगा |

मृदा प्रदूषण का खाद्य सुरक्षा पर दो तरह से प्रतिकूल प्रभाव पड़ता है – यह दूषित पदार्थो के जहरीले स्तर के कारण फसल की पैदावार को कम कर सकता है और प्रदूषित मिट्टी में उगाई गई फसलें, जानवरों और मनुष्यों द्वारा उपभोग में लाये जाने पर उनके लिए कई स्वास्थ्य समस्याओं का करण बन जाती है, प्रदूषण सीधे उन जीवों को भी नुकसान पहुँचाते हैं ,जो जीव मिट्टी को उपजाऊ बनाते|

मानव द्वारा पर्याविण में मानव निर्मित कृतिम उर्वरक की आधिक प्रयोग और अन्य खतरनाक तत्व आर्सेनिक ,सीसा,पीसीबी, PAH, कार्बोनिक रसायन आदि हैं|

हम अपने आसपास कचरे का ढेर प्लास्टिक घरेलू अपशिष्ट व अन्य अप्राकृतिक तत्वों के पहाड़ खड़े करते जा रहे हैं |

मृदा में होने वाले सभी प्रकार के सकारत्मक व नकारात्मक प्रभाव और तकनीक -

1.] दुनिया में होने वाले कृषि तकनीकों में होने वाले परिवर्तन एवं उसके प्रभाव मानवीय समाज में कृषि खोज एक महानतम खोजों में से एक खोज है, जिसे उसने अपनी बुद्धि और समझ से शुरू किया|

ऐतिहासिक दृष्टि से लगभग 10,000 वर्ष पूर्व कृषि की शुरूआत मानी जाती है,उस समय के प्रयास थे उनमें मानव निर्मित अप्राकृतिक तत्वों का प्रयोग उर्वरकता के लिए नहीं किया गया|

अपितु प्राकृतिक संसाधनों का ही प्रयोग मिट्टी की उर्वरकता बढाने में किया जाता था|

जिससे कृषि को या प्राकृतिक भूमि को कोई नुकसान नही हुआ मानव स्वास्थय व जानवरों के स्वास्थय पर इसका कोई दुष्प्रभाव नहीं पड़ा कृषि के दूसरे दौर की शुरूआत के बाद से दूसरे बदलाव की हम बात करें तो यह अरब कृषि क्रान्ति के रूप में जानने को मिलती है|

1.] अरब कृषि क्रान्ति

8वी सदी से 13वी सदी के बीच कृषि में आधुनिकीकरण का नया दौर शुरू हुआ | जिसका उद्देश्य बढती जनसंख्या को खाद्य की

उपलब्धता को बढ़ाना और अरब क्षेत्र में आर्थिक दृष्टिकोण से समृद्धता पैदा करना था |

जिसे मजबूत करने के लिए वैज्ञानिक ज्ञान का प्रयोग किया गया सिंचाई के क्षेत्र में रेहट (साकिया) जैसी खोज हुई, किन्तु यहाँ भी प्राकृतिक तत्वों का ज्यादा प्रयोग हुआ जिससे कोई गंभीर रूप से मानवीय और पर्यावरणीय समस्या सामने नहीं आई|

2.]ब्रिटिश कृषि क्रान्ति

17 वी से 19 वी सदी के बीच में इंग्लैंड की जनसंख्या में तीव्र वृद्धि हुई, जिससे खाद्य मांग बढ़ने लगी, तो इसने वैज्ञानिक खोजों को जन्म दिया|

भूमि में क्रॉप- रोटेशन कृषि की शुरुआत हुई, यह कृषि उत्पादन वृद्धि में गति लाने में सहयोगी रहा|

क्रोप- रोटेशन एक प्राकृतिक प्रयोग था| जिसमें हर साल फसल को बदल कर ऐसी फसलों का प्रयोग किया जाता है,जिससे क्रॉप लैंड की उर्वरता बढे |

उदाहरण :- लेगुमेस का प्रयोग किया गया है,तुर्निप क्लोवर आदि|

तकनीक प्रयोग मे लाई गई,यह आधुनिकताओं का समय आया जिसमें आधुनिक परिवर्तन हुए कृषि के क्षेत्र में तथा तकनीकों का

प्रयोग भी होने लगा जिसे दूसरी कृषि क्रान्ति के नाम भी जाना जाता है|

3.] **<u>हरित क्रान्ति विश्व</u>**

इस हरित क्रान्ति को तृतीय कृषि क्रान्ति कहा जाता है,इसका उद्देश्य सकारात्मक था, जो कि खाद्य सुरक्षा के उद्देश्य से लाई गई थी|

जिसमें हाई – यिएल्डिंग किस्म की (HVYs) के खाद्य बीजों गेंहू तथा चावल के उत्पादन में विकास हुआ|

इसके साथ ही मानव इतिहास में पहली बार रासायनिक उर्वरक का प्रयोग किया गया, जो कि मिट्टी की उर्वरकता को अधिक बढाने में सहयोगी रहा किन्तु इसने पर्यावरण को दर -किनार कर दिया|

इससे कोई इन्कार नहीं कर सकता कि इसने उत्पादन बहुत बढाया और उस समय भुखमरी से लड़ने में सहयोगी रहा जो शायद उस वक्त ज़रूरी था |

हरित क्रान्ति 1960 के दशक में नॉर्मन बोरलॉग को उच्च उपज किस्मों को विकसित करने के उनके कार्य के लिए नोबेल शांति पुरस्कार प्रदान किया गया |

साथ ही इसने प्राकृतिक उर्वरकता को नष्ट कर दिया इसकी प्रारंभिक सफलता मेक्सिको और भारतीय उप-महाद्वीप में देखी गई|

वर्ष 1967-68 तथा वर्ष 1977-78 की अवधि में हुई, हरित क्रान्ति से विश्व भर के कई देशों को खाद्यान्न की कमी वाले देश की श्रेणी से निकाल कर अग्रणी देंशों की श्रेणी में खड़ा कर दिया|

नॉर्मन बोरलॉग ने हरित क्रान्ति के बाद अपने अभिवादन में कहा -

"हरित क्रांति ने मनुष्य के भुखमरी एवं वंचना के विरुद्ध युद्ध में अस्थाई सफलता प्राप्त की है| इसने मनुष्य को साँस लेने हेतु स्थान प्रदान किया हैं"

4.] भारत में हरित क्रान्ति

भारत में हरित क्रान्ति के जनक एम .एस स्वामीनाथन को माना जाता है|

हरित क्रान्ति के फलस्वरूप भारत के कृषि क्षेत्रों में महत्वपूर्ण प्रगति हुई, हरित क्रान्ति के फलस्वरूप गेंहू, गन्ना ,मक्का और बाजरा आदि के प्रति हेक्टेयर उत्पादन एवं कुल उत्पादन में काफी वृद्धि हुई|

हरित क्रान्ति से पर्यावरण में होने वाले दुष्परिणाम -:

रासायनिक उर्वरक एवं कीटनाशकों के अन्धा-धुन्द प्रयोग से पर्यावरण को काफी नुकसान हो रहा है और खेतों की उर्वरक शक्तिक्षीण होती जा रही है साथ ही इससे भू -जल भी प्रभावित होकर ज़हरीला होता जा रहा है |

इसकी विकरालता का अंदाजा इस बात से लगया जा सकता है कि 1950-51 में भारतीय किसान मात्र 7 लाख टन रासायनिक उर्वरकों का प्रयोग करते थे, यह अब कई 100 गुना बढकर 310 लाख टन हो गया है|

जिसके चलते मिट्टी में क्षारीयता बढ़ रही है और पैदावार में अब अचानक गिरावट आ रही है|

यूरिया व डी.ए.पी जैसे उर्वरकों के अधिकाधिक इस्तेमाल से मिट्टी की उर्वरकता का लोप हो रहा है|

प्राकृतिक तत्व का नुकसान एवं मिट्टी के कणों में पानी ग्रहण की क्षमता की भी कम आ रही है,परिणामस्वरूप अधिक सिंचाई की आवश्कता से भू-जल पर भी प्रभाव पडता है,यूरिया का बीजों के साथ सीधा सपर्क में होने से अंकुरण दर में भी कमी आ रही है|

1.] रासायनिक उर्वरक के असामान्य इस्तेमाल से दलहन फसलों की ग्रंथिनिर्माण व वायुमंडलीय नाइट्रोजन स्थिरीकरण पर भी प्रभाव पड रहा है|

यूरिया के इस्तेमाल से ग्रीन हाउस गैस, नाइट्रस ऑक्साइड वायुमंडल, में उपस्थित. ओजोन परत को भी नुकसान पंहुचा रही है|

रासानिक उर्वरकों के असंतुलित इस्तेमाल से खाद्य उत्पादों में भी विसात्तता बढ रही है,जिससे कई तरह की बीमारीयां बढ रहीं हैं|

जिसमें खासतौर पर बच्चो में बेबीफ्लू सिंड्रोम, कैंसर, किडनी फेलियर,लीवर ख़राब होना आँखों का कमज़ोर होना आदि |

वहीं कीटनाशकों के इस्तेमाल ने खेतों से किसानों के मित्र जीव कहे जाने वाले कीटों को भी नष्ट कर दिया है|

यह जीव - जैविक क्रियाओं द्वारा मिट्टी की उर्वरकता बनाये रखने में मदद करते हैं,यह केवल एक देश की समस्या नहीं है, अपितु सभी देशों की समस्या है|

यह कह सकते है कि , अब दुनियांभर की समस्या है ना कि किसी एक देश की अगर इसको लेकर जल्दी ही कुछ नहीं किया गया |

तो परिणाम गंम्भीर होगें जो और भी भीषण बीमारियों एवं बंजर जमींन के रूप में देखने को मिलेगें|

रासायनिक उर्वरक के प्राकृतिक विकल्प :-

सर्वप्रथम हमें पराम्परागत खेती अर्थात प्राकृतिक खेती की तरफ बढना चाहिए |

1.] जिसमें हम खाद के तौर पर गोबर का प्रयोग कर सकते हैं |

2.] भूमि में उपस्थित जीवाणु वायुमंडल की नाइट्रोजन को पौधों की जड़ो में स्थिर करने का कार्य करती है|

3.] दलहनीय फसलों का प्रयोग भूमि की पोषकता बढाने में सहयोगी है, क्योंकिं दलहनीय फसलों के पौधों की जड़ो में एक विशेष प्रकार की ग्रंथि पाई जाती है, जिसमें कुछ सूक्ष्म जीवाणु रहते हैं, सूक्ष्म जीवाणु की विभिन प्रजातियाँ उपलब्ध है|

यह वायुमंडल की नाइट्रोजन को वायुमंडल से अलग कर वायुमंडल को स्थिर करने का कार्य करती है,ऐसा अनुमान है कि वायुमंडल में लगभग 74% नाइट्रोजन होती है, जिसको यह सूक्ष्म

जीवणु एकत्र करते रहते हैं,दलहनीय फसलों में उड़द,.मूंग, सोयाबीन, लोभिया आदि हैं | जिनको उगाने से भूमि की उर्वरकता बढती है और खादों का प्रयोग -:-गोबर की खाद , कम्पोस्ट,वर्मी कम्पोस्ट आदि |

गन पाउडर

गन पाउडर हथियार से होने वाले विनाश एवं पर्यावरणीय हानि यह एक प्रकार का विस्फ़ोटक है,जिसकी खोज 9 वी सदी में चीन के तंग राजवंश के समयकाल में हुई|

1268 ई.वी में यूरोप और अरब में भी लगभग 13वी सदी के आसपास यह प्रयोग में आने लगा, 1346 ई.वी में भी इंग्लैंड में प्रयोग किया गया|

इसका परिणाम युद्धों की हार जीत के साथ मानवीयता पर पड़ा जिसकी वजह से मानव की हिंसक प्रवृतियाँ बढ़ी एवं मानवता के सीधे विनाश के साथ पर्यावरण और प्रकृति को भी नकारत्मक रूप से प्रभावित किया |

नकारात्मक रूप से प्रभावित करने का अर्थ है,इसकी वजह से हम इंसानों में ऐसी प्रवृतियों ने जन्म लिया,जिसमें मानव ही मानव का दुश्मन हो गया जो प्रकृति का अनमोल हिस्सा है|

मानव ने मानव को तो मारा साथ ही प्रकृति के अन्य घटकों को भी नष्ट किया जैसे- जानवर, मैदान, पहाड ,जंगल आदि|

जिसने पर्यावरण को नष्ट करने में गन पाउडर से पहले होने वाले युद्धों की अपेक्षाकृत प्राकृतिक नुकसान को तीव्र गति से बढाया |

गनपाउडर(बारूद) में होने वाले तत्व(सल्फर, चारकोल,पोटैशियम नाइट्रेट) एवं उनसे प्रकति को होने वाले नुकसान--

तत्व	मात्रा(%)	नुकसान
सल्फर	15%	अम्ल वर्षा
चारकोल	10%	
पोटैशियम नाइट्रेट	75 %	

पोटैशियम नाइट्रेट से साँस लेने में समस्या, गले एवं नाक में तकलीफ,ऑक्सीजन को दिमाग तक पहुँचने में समस्या , त्वचा का नीला पड़ना आदि जैसी स्वास्थ्य समस्या देखने को मिलती है| चारकोल से अधिक मात्रा में कार्बन निकलता है, यह मानव फेफड़ो को नुकसान पहुँचाता है|

वर्तमान समय में गनपाउडर का प्रयोग ग्रेनेट और पटाकों के रूप होता है जिस पर रोक की आवश्यकता है,सभी सरकारों और यूनाइटेड नेशन को इस पर ध्यान देना चाहिए |

डायनामाइट

डायनामाइट हथियार से होने वाले विनाश एवं पर्यावरणीय हानि डायनामाइट ब्लेकपाउडर(गनपाउडर) से 1000 गुना अधिक घातक होता है|

जिसके जनक अल्फ्रेड नोबेल है ,डायनामाइट का प्रयोग ब्रिज(पुल), कैनाल बनाने में काम आता है|.

इसका एक काला सच यह भी है कि डायनामाइट गनपाउडर से 1000 गुना शक्तिशाली होने के साथ – साथ उतना 1000 गुना ही विध्वंसक भी है|

यह पर्यावरण को भी 1000 गुना अधिक क्षति पहुँचाता है, क्योंकि इस विस्फोटक में बहुत ज्यादा केमिकल मटेरियल होते हैं ,जिस वजह से इसमें इतनी ही अप्राकृतिक गैसीय ऊर्जा निकलती है|

यह जिस भी स्थान पर विस्फोट होता है उस स्थान के वायु, भूमि, जल के साथ ही अन्य उसमे रहने वाले जीव-जंतु भी प्रभावित होते हैं|

इससे निकलने वाली गैसों से वायुमंडलीय तापमान में परिवर्तन हो रहा है ,यह जल वायु परिवर्तन का भी करण बन रहा है|

मिट्टी पर विस्फोटक के प्रभाव- डायनामाइट में पाए जाने वाले तत्व मिट्टी में स्थिर हो जाते हैं ,यह बायो–डीग्रेडेशन में प्रतिरोधक है|

कई पर्यावरणविदों के अनुसार विषाक्तता स्तर टी.एन.टी(2,4 ,6-ट्रिनिट्रोलुइंन),आरडीएक्स(हेक्साहाइड्रो-1,3,5-ट्रिनीटो-1,3,5,-ट्राएजिग), एचएमक्स(ओंक्टाहाइड्रो -1,3,5,7-टेट्रिनीटो-1,3,5,7–टेट्राजोसाइन) पाई जाती हैं किन्तु अधिकांश जांच में कृत्रिम मिट्टी में पाए जाने वाले पदार्थों के साथजांच की गई |

और इस जांच का यह उद्देश्य रहा की मिट्टी कितनी विषाक्तपूर्ण हो गई है,विस्फोट के स्थान में पाई जाने वाली मिट्टी के नमूने में टी.एन.टी को अत्यधिक हानिकारक माना है|

न्यूक्लियर हथियार से होने वाले विनाश एवं पर्यावरणीय हानि 20वी शताब्दी के मध्य में द्वितीय विश्व युद्ध के समय सभी राष्ट्र एक –दूसरे पर शक्ति आज़माने में लगे और खुद की सीमा विस्तार में लगे हुए थे |

उसी समय खुद को शक्तिशाली दिखाने के लिए व दूसरे राष्ट्रों को डराने के लिए नए तरह के हथियारों की खोजें बढ गई उसी समय न्यूक्लियेर हथियारों को लेकर होड़- सी लग गई|

न्यूक्लियेर फ्यूज़न के आधार पर हथियार बनाया गया और वह पहले के हथियारों से कई गुना अधिक विनाशकारी था|

इसका प्रथम परीक्षण

इस परीक्षण का नाम मैनहट्टन प्रोजेक्ट था जिसका कोड नाम ट्रिनिटी टेस्ट था |

जिसे 16 जुलाई 1945 को जौर्नाडा डेल मौएर्तो रेगिस्तान में सुकॉरो न्यू मक्सिको के 56 की.मी. दक्षिण में किया |

मैनहट्टन प्रोजेक्ट

यह अमेरिका के नेतृत्त्व में व दो अन्य सहयोगी देश यूनाइटेड किंगडम और केनेडा के साथ किया,जिसे लोस एलामोस लेबोरेट्री

में बनाया गया और जिसका प्रयोग अमेरिका ने 9 अगस्त 1945 में जापान के दो शहर हिरोशिमा और नागासाकी पर किया |

यह बम धमाके ने उस समय 2 से 3 लाख मौतों का कारण बने और इसके परिणाम लम्बे समय तक देखने को मिले |

मैनहट्टन प्रोजेक्ट यह शक्ति प्रदर्शन और सनक से भरा हुआ था केवल अपने आपको सर्वशक्तिमान दिखाने से ज्यादा कुछ नहीं था जिसने वहाँ के लोगों की जिन्दंगी तो तबाह की ही पर जिस देश के ऊपर उसका प्रयोग किया गया,उस देश में आज भी इसके दुष्परिणाम देखें जा सकते हैं |

पीढ़ीयां की पीढ़ीयां तक तबाह हो गई जिस पीढ़ी ने यह बर्दाश्त किया वह तो असहनीय था ही मगर उसके 70 साल बाद की पीढ़ियां भी यह दर्द झेल रही है|

जिसने कई प्रकार की बीमारियों भी पैदा की जैसे -कैंसर और क्रोनिकल बीमारियों भी पैदा की| पर्यावरण पर प्रभाव -न्यूक्लियर हथियार के प्रयोग से मनुष्य के अलावा प्रकृति के अन्य घटकों पर भी पडने वाले प्रभाव बहुत गंभीर थे, इस ब्लास्ट में 15 हज़ार टन टी.एन.टी का प्रयोग किया गया, जिसने उस क्षेत्र की मिट्टी को ज़हरीला बना दिया |

जिससे सालों तक उसकी उर्वरता खत्म हो गई इसके अलवा जल पर भी प्रभाव पड़ा और आस - पास की प्रकृति ही नष्ट हो गई जिसमें पेड़ों , मनुष्यों और जानवारों को भी नष्ट कर दिया गया|

यह देश के लिए नहीं अपितु दुनियाँ के लिये अपना योगदान देते हैं,एक पूरे तंत्र को ही समाप्त कर दिया गया और जीव-जंतुओं को बिना किसी दोष के ख़त्म कर दिया गया और हाइड्रोजन बम न्यूक्लियर से भी आधुनिक और घातक है |

विश्व में हथियारों के परीक्षणों से होने वाली निम्न घटनाएँ और उनसे पर्यावरण व प्रभाव

पोखरण परीक्षण भारत :-

पोखरण भारत का परमाणु परीक्षण केंद्र है , जिसमें भारत ने दो बार परीक्षण किया|

पहला 1974 और दूसरा 1998 जिस ने सैन्य - सशक्तता तो दी ही और भारत को उन परमाणु सम्पन्न चन्द देशों की सूची में शामिल कर दिया गया और चन्द देश जो पहले से ही प्रकृति एवं मानवता के लिए खतरा बने हुए थे, उसी राह पर भारत भी निकल पड़ा|

जिसमें दुनिया भर के किसी देश ने परीक्षण के बाद के पर्यावरणीय दुष्परिणामों पर कोई विचार नहीं किया|

जिसके दुष्परिणाम यह हुए की पोखरण क्षेत्र में आज भी कई कैंसर के मरीजों की संख्या बढ चुकी है और बढती जा रही है जिसका कारण परमाणु रेडिएशन है |

हालात यह है कि 1998 से उसके आसपास के क्षेत्रों में आज के समय प्रति वर्ष 56 लोग कैंसर से मारे जाते हैं,जो देश की कैसर से होने वाली मौतों के औसत से 4 गुना ज्यादा है|

1974 से लगातार कैंसर के मामले पीढ़ीगत असामान्यताएँ, वांझपन जैसी स्वास्थ्य समस्याएँ उस क्षेत्र में हो रही हैं, यह लगभग हर घर से एक व्यक्ति को मौत के मुंह में ले जा चुका है|

भूमि पर भी दीर्घकालीन नकारात्मक प्रभाव देखने को मिला, जिसके साथ ही खेतीहर भूमि भी प्रभावित हुई है,पर सरकार 1974 तक सीमित नहीं रही और उसके बाद 1998 में परीक्षण किया जिसका प्रभाव जेनेटिक म्युटेशन के रूप में दिखा गया है|

यहाँ तक की बच्चों में भी कैंसर के मामले देखे जा रहे हैं , जो बच्चें पैदा होते हैं ,वह गूंगेपन से पीड़ित पाए जाते हैं और महिलाओं में स्तन कैंसर के मामले भी देखे गये हैं,जिसका प्रमुख कारण आयनिक विकिरण है|

फुकुशीमा :- परमाणु आपदा :-

यह मामला 2011 का है, जापान के फुकुशीमा शहर में विद्युत ऊर्जा संयंत्र में तोहोकू में भूकम्प और सुनामी आने से यह संयंत्र नष्ट हो गया|

जिससे परमाणु विकिरण से प्रत्यक्ष तथा अप्रत्यक्ष रूप से लोगों को हानि हुई,जिससे वहां के आम नागरिकों को कई प्रकार की समस्या का सामना करना पड़ा|

चेर्नोबिल विद्युत संयंत्र घटना ;-

यह घटना 26 अप्रेल 1986 में यूक्रेन के चेर्नोबिल में हुई उस वक्त यह सोवियत यूनियन का हिस्सा था, यहाँ प्लांट में विस्फोट हुआ जिससे परमाणु विकिरण हुआ जिसके चलते उसके आस-पास के पर्यावरण पर बहुत ही घातक प्रभाव पडा|

वहाँ पास में पिपरियात नदीं पर सीधा प्रभाव पड़ा, जिसकी वजह से उसमें पाए जाने वाले जलीय प्राणियों का रेडियो धर्मी (रेडियो एक्टिव) प्रदूषण एक बड़ी समस्या बन गया|

वहाँ के सबसे अधिक प्रभावित क्षेत्रों में पीने के पानी में (विशेषकर रेडियोन्यूक्लोइड131,137Csऔर 90Sr) से एक प्रकार के जहरीले तत्व के कारण लोगों पर इसका सीधा प्रभाव पडा,उन्हें पीने के पानी की समस्या का सामना करना पड़ा तथा इसी वजह से कई प्रकार की बीमारियों का शिकार भी बने|

जैसाकि हम लगातार यही बात कहने का प्रयास कर रहे हैं कि परमाणु हथियार केवल उन देशों के पर्यावरण को हानि नहीं पहुँचाते हैं, जिस पर हम इसका प्रयोग करते हैं यह उन देशों के पर्यावरण लिए भी हानिकारक है, जिसने उसे अपने पास सुरक्षा के ढ़ोंग के नाम पर रखा है|

विश्व में वायु प्रदूषण से होने वाली घातक समस्याएँ एवं घटनाएँ वायु प्रदूषण की समस्या केवल एक देश की नहीं है,यह दुनियां के 90% हिस्से को प्रभावित करता है,क्योंकि हम सीमाओं का

कितना भी बंटवारा कर ले,किन्तु हवा का बंटवारा संभव नहीं है|

वायु एक आवश्कता है,जो कि मानव जीवन का आधार है,मानव अपने जीवन के 1 मिनट में 7 से 8 लीटर तथा 1 दिन में 11 हज़ार लीटर पर्यावरण से ऑक्सीजन व वायु का उपभोग करता है|

जिसमें 21% ओक्सीजन है,जो कि पेड़ों से प्राप्त होती है और मानव को पूरे जीवन काल में हर मानव को 6-8 पेड़ों की आवश्कयता होती है और प्रत्येक मानव का उत्तरदायित्व है कि उसे पूरे जीवनकाल में 6 से 7 पेड़ तो लगाने ही चाहिए|

किन्तु लगातार मानव ने पर्यावरण में केवल प्रदूषण के अलावा कुछ नहीं दिया है,जिससे दुनियाँ के अधिक तर देश परेशान हो रहे हैं, दुनियाँ को एक साथ मिलकर काम करना होगा|

वायु प्रदूषण में सर्वाधिक 20 प्रदूषित शहरों में से **13 भारतीय शहर** हैं|

<u>जिसमें ppm10 को आधार माना गया है- 2018</u>

1.] ग्वालियर

2.] प्रयागराज (इलाहबाद)

3.] रायपुर

4.] दिल्ली

5.] लुधियाना

6.] कानपुर

8.] फिरोजाबाद

9.] लखनऊ

10.] अमृतसर

इन शहरों में प्रदूषण पैदा करने वाले कारक परिवहनीय ईंधन,कूडा जलाना,निर्माण कार्य आदि हैं|

इनसे निकलने वाले तत्व में पाए जाने वाले प्रदूषित तत्व :-

सल्फर ऑक्साइड(so2),नाइट्रोजन ऑक्साइड (NOx),कार्बन मोनोऑक्साइड(CO), क्लोरो फ्लोरो अन्य कार्बनिक गैसें आदि हैं और इन तत्वों का असर आज साफ़ दिखाई दे रहा है|

जिससे जलवायु परिवर्तन जैसी घटनाएँ दिखाई दे रही हैं, ऐसा नहीं है कि जलवायु परिवर्तन पहले नहीं हो रहा था मगर वर्तमान समय में इसकी गति बढती जा रही है,जो भविष्य के लिए खतरा है|

औपनिवेशिक काल पर्यावणीय विनाश और इतिहास

उपनिवेशीय काल में किये गए प्राकृतिक नुकसान से होने वाले जलवायु परिवर्तन तथा उसके दुष्परिणाम :-

पृथ्वी का वैश्विक तापमान पिछले 120 वर्षों में 0.89*c बढ चूका है, जो कि 1880 ई. से आधुनिक औद्योगीकरण प्रारंभ हुआ, उस समय से अब तक लगातार तापमान में वृद्धि देखी जा सकती है|

अगर इसी गति से तापमान बढ़ता रहा तो 2100 ई. तक 5*c तापमान तक बढ सकता है एवं पिछले 50 वर्षो में तापमान में वृद्धि सर्वाधिक हुई,अगर तुलना की जाये पिछले 120 वर्षों में तो स्पष्ट होता है|

जिस कारण से जलवायु प्रभावित हुई है और इसके दुष्परिणाम हमने अनियमित वर्षा,बाढ,सूखा ,तूफानों में वृद्धि जैसी प्राकृतिक आपदाओं के रूप में देखा गया है,जिसमें कई लोगों की जान गई है|

इस जलवायु परिवर्तन में विश्व के हर देश और हिस्से का योगदान है, जैसे की हम पहले भी चर्चा कर चुके हैं, 1880 ई. से प्रमुख तौर पर यूरोपीय देशों ने उनमें भी ब्रिटेन ने कोलोनियल समय में पर्यावरण को ध्यान में ना रखते हुए उद्योगों में कोयलों का अंधा – धुंध प्रयोग किया|

जिसका परिणाम आज भी हम भुगत रहे हैं और यह केवल एक देश के साथ नहीं किया जहाँ –जहाँ ब्रिटेन के उपनिवेश थे वहाँ पर भीं उस वक्त की ब्रिटिश सरकार ने अपने निजी लालच के चलते इसी प्रकार से हानि पहुँचाई है|

जो मानव अधिकारों का हनन तो था ही किन्तु पर्यावरण के लिए भी बहुत ख़ुशी की बात तो नहीं थी |

1880 ई. से पहले भी विश्व भर के कुछ देशों में कोयले का प्रयोग किया जा रहा था|

जलवायु तथा पर्यावरण पर वह इतना प्रभावी नहीं था पर लगातार कोयले का बढता हुआ प्रयोग , पर्यावरण के लिए घातक सिद्ध हुआ |

1700 ई. में अंग्रेजों द्वारा कोयले की मांग बढती जा रही थी जिसकी पूर्ती वह अपने उपनिवेशों को माध्यम बनाकर कर रहे थे और प्रकृति के साथ भी खेल रहे थे|

यह उस उपनिवेश की प्राकृतिक व्यवस्था के साथ तो खिलवाड़ था ही किन्तु ब्रिटेन व उसके अन्य आस-पास के देशों जो यूरोप का हिस्सा थे,उन यूरोपीय देशों में भी कोयले के प्रयोग से कार्बन गैसों का उत्सर्जन बढ गया जो कि वहां के वातावरण को लगातार नुकसान पहुँचा रहा था|

1700- 80 ई. में कोयले की ब्रिटेन में मांग के चलते, 1700 ई. में कोयले का उत्पादन 3 मिलियन टन से भी कम था, यह 1700 ई. से 1770-80 ई. तक 61/4 टन हो गया |

1780 से 1815 ई. तक 16 मिलियन टन हो गया उसके बाद 1815 -1830 ई. तक 30 मिलियन टन और 1950 के आते-आते यह यूरोप में ही नहीं पूरे विश्व भर में लगातार बढता गया |

ब्रिटिश सरकार के द्वारा उपनिवेशों को माध्यम बना कर की गई प्राकृतिक हानि की घटनाएँ 1770 ई. के लगभग अंग्रेजों द्वारा कई देशों को अपना उपनिवेश बनाया गया जिसमें अंग्रेजों ने उन उपनिवेशों का शोषण तो किया ही किन्तु वहाँ के प्राकृतिक संसाधनों को भी नष्ट करने में कोई कसर नहीं छोडी|

उपनिवेश

1.भारत

2. न्यू जीलैंड

3. ऑस्ट्रेलिया

4. दक्षिण अफ्रीका

5. अन्य कई अफ्रीकी देश आदि सामिल थे|

भारत में साल 1774 रानीगंज कोलफील्ड

यह भारत के पश्चिम बंगाल के वर्धमान जिले में स्थित है और रानीगंज कोलफील्ड का विस्तार अंग्रेजों ने लगातार किया ताकि, वह ज्यादा से ज्यादा कोयला उस खदान से निकाल सकें, जिसका दुष्परिणाम यह रहा की उस भूमि के ऊपर से उपजाऊ मिट्टी की परत को हटा कर कई फुट नीचे तक खोदा गया बिना किसी मानवीय या प्राकृतिक हानि को ध्यान में रखते हुए |

जिसके फलस्वरूप रानीगंज कोलफील्ड में अन्धाधुन्ध निर्वनीकरण किया गया जिससे वहां का पारिस्थितिकीतंत्र प्रभावित हुआ और वहाँ पाए जाने वाले वन्यजीव –जंतु और पेड़-पौधों को विलुप्ति की स्थिति में लाकर खड़ा किया और लगभग पिछले 250 सालों से यह चल रहा है, कोयले की खदानों के आस-पास कोल की मोटी परत जम जाती है|

अनुमान लगायें कि वहां जो रहवासी जन है, उनका क्या होता होगा,वहां से निकलने वाली गैसें जो पर्यावरण के लिए एक अभिशाप है और यह मानव स्वास्थ्य के लिए लम्बे समय तक हानिकरक है|

जैसे – मीथेन (CH4),Co2,co, H2s

इसके परिणाम आज देखे जा सकते हैं जलवायु परिवर्तन के रूप में|

2. न्यू जीलैंड में 1848 थॉमस बर्नर खदान

न्यू-जीलैंड जो कि भारत की तरह ही ब्रिटेन का उपनिवेश रहा और प्रगति के नाम पर अंग्रेजों ने यहाँ के भी प्राकृतिक संसाधनों का भी शोषण किया|

थॉमस बर्नर नाम के एक अंग्रेज़ ने 1848 ई. में ग्रे (पाइक नदी) नाम की नदी क्षेत्र में कोयला पाया, जिसके चलते जलीय जीवों को प्रभावित किया, वहां के पारिस्थितिकीतंत्र को भी प्रभावित किया|

बर्नर कोयले की खदान में 24 मार्च 1896 को एक दुर्घटना हुई,जिसका कारण मीथेन गैस का और कोयले की राख का अचानक से विस्फोट हो जाना रहा|

अंग्रेजों द्वारा रॉयल आयोग के अनुसार की गई जाँच में 65 लोगों की मौतों का आंकड़ा बताया गया|

यह घटना न्यू जीलैंड की कोयले खदान में होने वाली सबसे बड़ी घटना कही जाती है और उसमें से निकल रही गैसें जो कि लगभग 175 वर्षों से निकलते हुए पर्यावरण को प्रभावित कर रही है, अब आप सोच सकते हैं कि यह पर्यावरण के लिए कितना घातक है|

3. ऑस्ट्रेलिया में 1797 ई. साउथ वेल्स

जिसको भी ब्रिटेन के सर्जन ब्राउन नाम के एक व्यक्ति ने खोजा और 1880 ई. के बाद उसका दोहन कई गुना किया गया जिसके चलते प्रकृति और उसमें होने वाले दुष्प्रभाव के बारे में कोई विचार नहीं किया|

1881 ई. में इसका प्रोडक्शन 18-19 लाख टन हो गया,1908 तक बढकर 10 करोड़ टन हो चुका था, आप सोच कर देखिये प्रकृति के साथ क्या किया गया है|

4. दक्षिण अफ्रीका

दक्षिण अफ्रीका और अन्य कई अफ्रीकी देशों का शोषण ब्रितानिया हुकूमत और अन्य यूरोपीय देशों ने बहुत ही बर्बरता से पर्यावरणीय शोषण के रूप में किया, हमें पता है कि अफ्रीका में जंगलों की बहुतायत है|

जिसमें कई प्रकार के जीव- जंतु भी पाए जाते हैं ,जो कि अफ्रीका ही नहीं वैश्विक पर्यावरण के संतुलन के लिए अति आवश्यक है,जिसमें जैव –विविधता पाई जाती है, दुनियाभर के प्रमुख वर्षावन यहाँ पाए जाते हैं|.

कांगो वर्षा वन यहाँ का प्रमुख वर्षा वन है,यहाँ पर कई प्रमुख जन-जातियां पाई जाती है|

जिनका जीवन-यापन का प्रमुख आधार आज भी प्राकृतिक जंगल ही है,यह प्रकृति के बेहद करीब थे, जिनमें से कुछ जन – जातिय समूह है जो अब खत्म होते जा रहे हैं, यह प्रकृति के लिए खतरा नहीं थे बल्कि प्रकृति का एक खूबसूरत हिस्सा थे |

यह द्वीप उपनिवेशिक काल में ब्रिटेन एवं अन्य यूरोपी देशों द्वारा सर्वाधिक शोषित किया, यहाँ पर्यावरण घटकों के साथ-साथ मानव की भी सर्वाधिक जन-जातियाँ पाई जाती हैं|

जन-जातीय लोगों की खरीद-फरोक्त की गई एवं प्राकृतिक संसाधनों को एक व्यापार से अधिक कुछ नहीं समझा|

.

ब्रिटेन द्वारा शोषित अफ्रीकी देशों जैसे- घाना,दक्षिण अफ्रीका ,जिम्बाब्वे ,दा गाम्बिया .,मलावी ,इस्वातिनि , सियारा - लिआन ,नाइजीरिया,एवं वहां के अन्य अफ्रिकी देश थे |

1850 ई. में दक्षिण अफ्रीका में जॉर्ज वाईस नाम के अंग्रेज़ द्वारा कोयले की खदान की शुरुआत हुई|यह देश खनिज से संपन्न देश था, इसमें कई प्रकार के धातुएं पाई जाती रही हैं |

उदाहरण :- हीरा ,प्लैटिनम ,सोना आदि| .

जिन्हें प्राप्त करने के लिए अग्रेजों द्वारा प्रकृति को ध्वस्त करके कई खदान बनाई गई, यह मानव मौतों का कारण तो बनी ही पर प्रकृति की मौत का कारण भी बनीं |

डेमोक्रेटिक एंड रिपब्लिक ऑफ़ कांगो (DRC) देश पर बेल्जियम द्वारा अपना उपनिवेश बनाकर किया गया शासन 1885 से 1908 ई.

बेल्जियम, जो कि एक अन्य यूरोपीय देश है, जो अन्य यूरोपीयन देशों की तरह ही उपनिवेशवादी मानसिकता से ग्रसित रहा और कांगो (DRC)पर बेल्जियम के राजा लियोपोल्ड द्वितीय का शासन 1885 से 1908 ई. तक रहा|

जिसने कांगो (DRC) के जंगल , जन-जाति और अन्य प्राकृतिक संसाधनों का शोषण एवं दोहन किया|

जिसमें प्रकृति का दोहन हुआ , क्योंकि पर्यावरण केवल वृक्ष ही नहीं है अपितु मानव भी पर्यावरण की सम्पूर्णता को सुनिश्चित करता है, मानव-जाति का शोषण भी एक प्रकार का प्राकृतिक शोषण ही है|

यह अक्सर उपनिवेशीय काल में देखा गया कि उनकी व्यवस्था को पूर्ण- रूप से खत्मकर, अपनी व्यवस्था को क्षेत्रीय लोगों पर थोपना एवं वहां के प्राकृतिक संसाधनों को नष्ट करना या अपने उपयोग के लिए उपनिवेशीय ताकतों द्वारा अपने देश ले जाना|

कांगो (DRC) देश पर बेल्जियम राजा लियोपोल्ड द्वितीय द्वारा किये गये प्रकृति और मानव पर अत्याचार 1890 ई. के बाद बढा दिए गए , जिसका कारण विश्व भर में रबर की मांग का बढ़ना था क्योंकि बढती मांग की पूर्ती के लिए कांगो के जंगलों और जनजाति का शोषण करके रबर की मांग विश्व के अन्य देशों में

एवं बेल्जियम के लिए कांगों से लियोपोल्ड निर्यात कराया करता था |

जिसके बदले में बेल्जियम का राजा लियोपोल्ड द्वितीय बदले में बन्दूक और गोलियाँ कांगो के लिए आयात करता था|

आगे चलकर यह कार्य कांगो के जन-जातियों के साथ बन्दूक के दम पर जबरन रबर का उत्पादन कराया जाने लगा |

इसी चरण में आगे चलकर बेल्जियम ने वहाँ की राजनैतिक सत्ता को ही नहीं अपितु प्राकृतिक संसाधनों पर भी कब्ज़ा कर लिया |

कांगो (DRC) के जंगलों में पाए जाने वाले रबर के पेड़ों का ज़रुरत से ज्यादा दोहन किया गया |जैसा की आप देख सकते हैं कि मानव द्वारा प्रकृति का किस प्रकार दोहन किया गया है|

बेल्जियम के राजा लियोपोल्ड द्वितीय द्वारा,1985 से 1908 ई. के बीच यहाँ की जनजातीयों की आबादी का 50 % तक खात्मा कर दिया गया |

इसका आंकड़ा लगभग 15 मिलियन तक हो सकता है,जनजातिय लोगों का गुलाम व्यापार किया और उनसे 24 घंटे काम कराया जाता |

व्यक्ति या गाँवो को कोटा दिया जाता था,जनजातिय लोगों को एक निश्चित मात्रा में रबर निकाल कर देना होता था, अगर काम समय पर नहीं किया जाता तो उन्हें मार दिया जाता|

अगर कोई भी कांगो के लोगों में से मना करता तो उसे मार दिया जाता, कभी-कभी तो पूरे के पूरे गाँवों को ही ख़त्म कर दिया गया|

दुर्भाग्य यह था की कांगो(DRC) के लोगों की जान की कीमत एक निर्जीव वस्तु से भी कम थी|

लियोपोल्ड द्वितीय ने अपनी आर्मी को निर्देश दे दिए थे की एक बन्दूक की गोली के चलने पर एक व्यक्ति मारा जाना चाहिए उसकी पुष्टि के लिए सुबूत के रूप में एक जनजातिय व्यक्ति का हाथ काट के देना होता था,क्योंकि बन्दूक की गोली को कांगो तक लाने में खर्चा होता था|

यह कल्पना से भी परे है कि कोई मानव किसी मानव के साथ और प्रकृति के साथ इस हद तक भी बर्बरता कर सकता है|

उस समय का निश्चित कोई डाटा मौजूद नहीं है, मगर एक अनुमान के मुताबिक लियोपोल्ड काल के 20-22 वर्षो में लगभग 50% से अधिक कांगो(DRC) की मानवीय आबादी ही नहीं अपितु 50% से भी अधिक जंगली जानवरों को भी नष्ट कर दिया गया जिसमें हाथियों की हत्याएं प्रमुख हैं|

यह लोग मानवों को निर्जीव समझ कर मार सकते हैं उनसे प्रकृति के अन्य घटकों के लिए क्या उम्मीद कर सकते हैं |

इतने बड़े स्तर पर प्रकृति के साथ हुई छेड़-छाड़ करने से कई बीमारियाँ एवं महामारियाँ फैली जैसे- स्माल पॉक्स, स्वाइन फ्लु ,अमीबिक डिसेंट्री,अफ्रीकन स्लीपिंग सिकनेस आदि से प्रभावित रहे थे|

प्राकृतिक विनाश करने से जलवायु परिवर्तन की स्तिथि उत्पन्न हुई,जिसने बाढ़-सूखे जैसी- समस्याओं को जन्म दिया , जिसकी मार कांगो ने बाद में कई वर्षों तक झेली |

1901 ई. में 500,000 कांगो स्लीपिंग सिकनेस से मारे गए |

1890 ई. के समय तक विश्व बाज़ार में प्राकृतिक रबर की मांग बढ़ जाने के कारण, इसकी पूर्ति के लिए जगलों को काटा गया एवं उसके लिए वहाँ के लोगों से जंगलों को कटवा कर उस स्थान पर जबरन रबर की खेती कराई गई|

जिसके चलते कई माइल्स(किलोमीटर) जंगलों को नष्ट कर दिया गया इस तरह प्राकृतिक पारिस्थितिक तंत्र को नष्ट करना दुष्प्रभावी साबित हुआ |

ऑक्सीजन उत्पन्न करने वाले कई पेड़ों को विलुप्त कर दिया, जिससे आस-पास के क्षेत्र में ऑक्सीजन की कमी से कई बीमारीयाँ उत्पन्न हुई, 50% से भी अधिक हाथियों को भी मार डाला गया, उनसे हाथी दांत निकालने के लिए|

कांगो(DRC) में कई प्रकार की खनिज सम्पदा पाई जाती है, जिसमें प्रमुख है-

कोबाल्ट, कॉपर,हीरा आदि हैं |

कोबाल्ट की माइनिंग की शुरुआत 1914 ई, के समय बेल्जियम द्वारा हुई, जिसका दोहन बेल्जियम ने जंगलों,जनजातियों और जंगली जानवरों का प्रयोग मनावता के सभी पैमानों के पार जाकर किया, जिसमें प्रकृति का कोई ध्यान नहीं रखा गया|

वर्तमान समय (2021) तक कोबाल्ट की मांग बढती जा रही है यह देश अभी दुनियाभर को 70% कोबाल्ट उपलब्ध करता है, इसका अर्थ यह भी है, कि प्रकृति का दोहन आज नये रूप से हो रहा है, जिसमें चाइना की चायनीज कंपनीयां (चाइना रेलवेग्रुप लिमिटेड, सियनो हाइड्रो क्रोप), चाइना ने बेल्जियम की जगह ले ली है और उसकी कम्पनीयों ने किंग लियोपोल्ड द्वितीय की तरह ही नए स्वरुप में शोषण किया है|

मगर कांगो के लोगों की समस्या आज भी कायम है, आज भी खदानों में अमानवीय तरीके से माइनिंग की जा रही है|जिसमें बाल मजदूरी एवं जबरन मजदूरी करवाई जा रही है यह कांगो की जनजातियों के लिए समस्या बनी हुई है |

एक अनुमान के मुताविक 35,000 बच्चे खदानों से कोबाल्ट निकालने का काम कर रहे हैं ,यह अमानवीय ही नहीं अप्राकृतिक भी है|

बेल्जियम के किंग लियोपोल्ड द्वितीय हो या कांगो सरकारें हो या चाइना की कंपनियां, मगर क्या कांगो के लोगों को और वहाँ प्रकृति को न्याय मिलेगा ???

.

जस्टिस फॉर कांगो (DRC), हिज़ पीपल एंड फॉर एनवायरनमेंट ||||||

पुर्तगाल द्वारा किया गया प्रकृति एवं मानव का दोहन

1400ई.वी. के करीब पुर्तगाल ने समुद्री रास्तों की खोज की 1415 ई.वी.में सेउटा नार्थ अक्रीका से लेकर चीन के मकाओ तक प्रसार किया जिसमें मध्य अटलांटिक सागर से होते हुए नार्थ अमेरिका ,साउथ अमेरिका,अफ्रीका और एशिया में प्राकृति दोहन प्रारंभ किया|

उन्हें अपना उपनिवेश बनाने के लिए 1498 ई.वी. में वास्को डिगामा का भारत तथा अन्य देशों तक जाना उसका एक हिस्सा था तथा पेद्रो अल्बेरा केब्ररल 1500 ई.वी.में ब्राज़ील तक पहुँचा यह बाद में 250 से 300 साल तक पुर्तगाल एवं अन्य यूरोपीयन देशों द्वारा शोषण का शिकार हुआ जिसमें अफ्रीका से अफ्रीकी जनजाति के लोगों को गुलाम बना कर, ब्राज़ील के खेतों में मजदूरी एवं अन्य देशों के लिए मजदूर बना कर.लाया जाता था |

1700ई.वी तक 963,000 अफ्रीकी लोगों को गुलाम बना कर अटलांटिक समुद्र पार करके ब्राज़ील में एक निश्चित प्रकार की खेती के लिए लाया गया था, यह गन्ने एवं इसी श्रृंखला की खेती थी इतना ही नहीं पुर्तगालीयों ने विश्वभर की वातावरणीय स्थिति बदल के रख दी जिसकी वजह से कई जंगली जानवर, क्षेत्रीय जनजाति, जंगल तथा विश्व के जंगलों को भी नष्ट कर के रखा दिया|

जिसका दर्द दुनियां आज तक झेल रही है, साथ ही बीमारियों को कई देशों में ले जाकर उन देशों तक बीमारियों को फैलाने में इनकी प्रमुख भूमिका रही |

जैसें - स्मोल पॉक्स , चिकन पॉक्स, टी.बी आदि |

पुर्तगाल

यह यूरोप का देश है, जिसने सही मायने में प्राकृतिक एवं मानवीय शोषण की काहानी लिखी, सर्वप्रथम विश्वभर के देशों का पता लगाने का दावा करता है, यह एक मजाक ही लगता है कि प्रकृति में पाए जाने वाले द्वीप एवं देश और उनकी सांस्कृतिक, सामाजिक और प्राकृतिक अस्मिता पर चोट है|

यूरोप और पुर्तगाली इतिहासकारों का मानना था कि यूरोप के अलावा सब कुछ इन्होने खोजा और अपनी निजी सम्पति मान बैठे थे |

उनकी काहनियों से प्रतीत होता है, उससे पहले यूरोपीय देशों के अलावा कोई अन्य देश थे ही नहीं, यह प्रकृति का कितना मजाक है|

यूरोपीयनो ने इसका कई वर्षो तक मानवीय एवं प्राकृतिक शोषण किया, जैसे इन्होने इसे खोजने का काम नहीं अपितु निर्माण का कार्य किया है|

यह मानवीय इतिहास में मानव ने अपने स्वार्थपूर्ण लालच के लिए किया, प्रकृति एवं उसके प्रमुख घटकों और मानव का शोषण था,जिसकी शुरुआत पुर्तगाल ने मेरिडा से की 1420 ई.वी में देश यह साउथ अमेरिका .का पश्चिमी हिस्सा है -

1.मेरिडा 1420 ई.वी

2.कैंप वेर्डे (अफ्रीका1462ई.)

3.साओं टोम और प्रिंसिपे (सेंट्रल अफ्रीका 1486ई.)

4.कोचीन एवं गोवा (भारत1503,1510ई.)

5. मोज़म्बे (अफ्रीका 1506ई.)

6.मलक्का (मलेशिया1511ई.)

7.होर्मुज (पर्शिया गल्फ 1515ई.)

8.कोलम्बो (श्रीलंका 1518ई.)

9. ब्राज़ील (1532ई.)

10. मकाओ (चीन का क्षेत्र)

11 नागासाकी (जापान 1571ई.)

12.अम्बोला (साउथ अफ्रीका)

उपनिवेशीय काल में यूरोपीय देशों (पुर्तगाल, स्पेन, ब्रिटेन, डच, फ़्रांस, जर्मनी)

के द्वारा प्रकृति पर की गई बर्बरता और शोषण ने अप्रत्यक्ष आपदाओं को जन्म दिया जैसे की अनियमित वर्षा तथा सूखा| यह केवल कहने मात्र की बात नहीं है कि आज हम कितना भी कह ले कि हमने 1950 ई. के बाद आधुनिक तौर पर प्रकृति का दोहन किया है|

किन्तु यह पूर्ण सत्य नहीं, अगर आज जलवायु परिवर्तन के प्रकोप देख रहे हैं तो यह केवल आज की गलती का परिणाम नहीं बल्कि, यह हमारे द्वारा किये गये लगभग 250 साल के प्राकृतिक दोहन का फल है, यह हम जलवायु परिवर्तन के तौर पर देख रहे हैं|

आज यूरोप कितने भी दावे क्यों ना कर ले प्राकृतिक सुधार के, किन्तु सत्य तो यह कि यूरोप के कई देशों ने कई वर्षों तक प्राकृतिक दोहन किया है, वह प्रकृति के द्वारा अक्षम्य है|

इसका यह अर्थ नहीं है, कि पहले किसी देश ने दोहन किया तो अन्य सभी देशों को भी आधिकार मिल जाता |

यूरोपीयनों के द्वारा वैश्विक स्तर पर महामारियों और अकाल .(भुखमरी) को फैलाने का इतिहास

आज अमेरिका,चीन और भारत दुनियाँ के सबसे ज्यादा कार्बन उत्सर्जित करने वाले देश हैं, जिस पर सबको साथ आकर काम करने की ज़रूरत है|

वैश्विक स्तर पर चिंतन की आवश्यकता है कि, सफलता के पैमाने प्रकृति के दोहन नहीं,शोधन होना चाहिए|औपनिवेशिक काल में यूरोपी देशों ने कई महामारी(आपदिक बीमारियों)को विश्वभर में फैलाने में बड़ी भूमिका निभाई, यह कई मौतों का कारण भी बनी|

वैसे तो, मानव इतिहास में महामारी और अकाल (भुखमरी) आती रही है, किन्तु यूरोपी लोगों द्वारा विश्व के विभिन्न हिस्सों में प्राकृतिक दोहनों के कारण इसे कई गुना अधिक बढ़ा दिया|

अकाल (फेमिन) की घटनाओं में भी बढोतरी हुईं जिसका भी प्रमुख कारण प्रकृति का अँधा-धुंध दोहन किया जाना था |

मानव इतिहास में जितनी अकाल की घटनायें उपनिवेशिक काल से 2000 वर्ष पूर्व में भी नहीं घटी, उतनी 250-300 वर्षों घटी |

जिसका कारण प्रकृति का असीमित दोहन और यूरोप का पूरे विश्व भर में प्रसार करना भी था|

441BCE से 2020 A.D तक के लगभग 2500 वषों के इतिहास में 275 बड़ी काल (भुखमरी) हुई है|

किसी भी देश का प्रमुख आय एवं जीविका का साधन खेती होती हसीन, यह वहां की अर्थव्यवस्था के लिए आवश्यक है, उस देश की अर्थव्यवस्था को उनकी भिविन्न किस्म की फसलों के अन्य देशों में आयत - निर्यात वहां के लोगों की खाद्यापूर्ति के लिए महत्वपूर्ण है, किन्तु जब किसी देश में भुखमरी होती है|

तो वहाँ की अर्थव्यवथा तो क्या, वहाँ के लोग एक वक्त के खाने तक के लिए मोहताज हो जाते हैं|

यही स्तिथि दिन व दिन भयावय हो जाती है और भोजन न मिलने के कारण व्यक्ति कंकाल के रूप में परिवर्तित हो जाते हैं |

भुखमरी से सर्वाधिक पीड़ित यूरोप रहा है|

क्योंकि यूरोप की सभ्यता ने प्रकृति के तरफ ध्यान ना दे कर प्रकृति को नष्ट किया अकालों(भुकमरी) का प्रमुख कारण जलवायु परिवर्तन है , यह प्रकृति के साथ अनियमित छेड़ – छाड़ से उत्पन होता है|

जिसका एक उदाहरण यूरोप रहा है-जलवायु परिवर्तन के कारण असमय ठण्ड पड़ना अनियमित वर्षा और तापमान का अधिक हो जाना, जिससे फसल प्रभावित होती है व नष्ट हो जाती है|

1000 A.D तक भुखमरी की घटना मात्र 15-20 ही घटना हुई, यूरोप 1000 ई. से 1450 ई. तक भुखमरी की घटनाओं का केंद्र रहा|

जिसका कारण जनसंख्या का तेजी से बढना था| हम इसे, इस आधार पर देख सकते हैं कि, 1000 ई. से 1300 ई. के बीच यूरोप की जनसंख्या दो गुनी हो चुकी थी|

1005ई.वी में पूरे यूरोप, 1014 ई.वी, 1070 ई.वी में हर्रिंग ऑफ़ नार्थ इग्लैंड, 1097 ई.वी फ्रांस, 1124 ई.वी यूरोप, 1143 ई.वी, 1150 ई.वी, 1196 ई.वी, 1226 ई.वी, 1235 ई.वी इंलैंड में, 1275-77 ई.वी इटली में, 1985-86 ई.वी, इटली में 1302-03 ई.वी में इटली और स्पेन, 1304-05 ई.वी में फ्रांस, इसी प्रकार 450 वर्षों में लगभग 55 भुखमरी फैली |

जिनमें से 2 भारत में 1344 ई.वी में मोहम्मद बिन तुगलक के समय, दूसरी दुर्गा देवी फेमिन 1396-1407 ई.वी, और 1 चीन 1333-37 ई.वी में और 1 जापान में 1230-31 ई.वी में घटी, 1 मेक्सिको में, 5 को छोड़ दे तो बाकी 50 यूरोप में ही हुए |

इसका प्रमुख कारण एशिया के देशों का कृषि की उन्नतता थी, यह प्राकृतिक संसाधनों का कृषि में प्रयोग करते थे|कृषि प्राकृतिक जलवायु पर निर्भर थी, यहाँ प्रकृति का उतना दोहन नहीं किया गया, जितना की यूरोपी देशों ने किया|

महामारी का यूरोपी देशों में प्रभाव

1.ब्लैक डेथ (1346-53) ई .वी

यह एक बूबोनिक प्लेग है, इसमें बेक्टेरियम(येर्सिनिया पेस्टिस) फ्लु के लक्षण पाए जाते हैं,14 वी.सदी में लगभग 50 मिलियन लोग बूबोनिक प्लेग से मृत्यु हुई|

2. स्वेटिंग सिकनेस (1485-1551)ई.वी.

स्वेटिंग सिकनेस इसका कारण हन्ता वायरस है यह एक साँस सम्बन्धी बीमारी है, इसका प्रमुख केंद्र इंग्लैंड रहा जिसमें 10,000 से ज्यादा लोग मारे गये|

3.स्पेन टाइफस (typhus 1489 ई.वी.)

स्पेन टा. का प्रमुख केंद्र स्पेन रहा हैं, जिसमें 17,000 लोगों की मृत्यु हो गई हैं, यह उस वक्त की स्पेन की सबसे बड़ी समस्या में से थी, जिसने स्पेन की आबादी को हिला के रख दिया|

4. इन्फ्लूएंजा महामारी (1510 ई .वी.)

इन्फ्लूएंजा महामारी इसमें भी प्रमुख केंद्र यूरोप था, यह भी सांस सम्बन्धी बीमारी हैं 1357 ई.वी में यूरोप श्रेत्र ज्यादा प्रभावित रहा इसमें अनुमानित मुत्यु दर 1% थी |

5.स्मोल पॉक्स (smallpox1520ई .वी.)

स्मोल पॉक्स की उत्पत्ति कहाँ से हुई, यह कहा जाना मुश्किल है , लेकिन तीसरी शताब्दी बी .सी.में माना जाता हैं यह जानकारी में आया हैं, स्मोल पॉक्स एक संक्रामक रोग हैं |यह विरिओला विचुस के कारण होता हैं| इसके संपर्क में आने के बाद 30% से भी ज्यादा बच्चों की मौंते होती थीं|

स्मोल पॉक्स के लक्षण

बुखार,उल्टी, त्वचा में धब्बे,इस बीमारी से अँधापन भी हो सकता है, 18 वी सदी के यूरोप में ये अनुमान है कि प्रतिवर्ष 40,0000 लोग इस बीमारी से मरते थे और उस समय पाए जाने वाले अन्धेंपन के मामलों में एक तिहाई अन्धेपन का कारण चेचक था|

स्मोल पॉक्स(चेचक) ने 20 वी सदी में 300 मिलियन लोगों को मार डाला| स्मोल पॉक्स को मैक्सिको में भी यूरोपीयों ने ही पहुँचाया, यहाँ तक की अमेरिकी महाद्वीपों में इसको पहुँचाने में यूरोप का ही हाथ था|

मैक्सिको स्मोल पॉक्स

स्पैनिशों का मैक्सिको आगमन 1519 ई .वी में हुआ स्पैनिश लोगों ने मैक्सिको के एज़्टेक एम्पायर ख़त्म होने में अहम भूमिका निभाई जिसका कारण संक्रमित स्पैनिशों का मैक्सिको में पहुँचना था इसके बाद क्यूबा तक और अन्य अमेरिकीय क्षेत्रों में फैला जिसका प्रभाव लगभग 500 वर्षों तक रहा 1951 में इसको अमेरिकीय महाद्वीप को उन्मूलित घोषित कर दिया गया|

कोकोलिज्तली माहामारी

यह महामारी 1576 ई.वी में 2 साल सूखें के समय उत्पन्न हुई, इसका प्रमुख केंद्र दक्षिण अमेरिका और मध्य अमेरिका मुख्य तौर पर प्रमुखता से वह क्षेत्र जो स्पेन का उपनिवेश था|

कुछ विशेषज्ञों की माने तो 60 से 90% जनसंख्या को प्रभावित किया एवं इससे 2 से 3 मिलियन लोगों की मौत हुई |

जिसका प्रमुख कारण भौतिक और सामाजिक परिस्थितियों का परिवर्तन रहा जो औपनिवेशिक शक्तियों द्वारा उनके धर्म को आगे बढाने के लिए किया गया व बड़े- बड़े समूह बनाये गए|

जिनमें स्वच्छता का स्तर बहुत ही कम था, साथ ही एक दूसरे के अधिक सम्पर्क में आने से बीमारी के फैलने की गति भी तीव्र हो गई,इसका प्रसार दक्षिण अमेरिका के अन्य प्रान्तों में हुआ |

जैसे- चिया - पास, ग्वातिमाला, इक्वाडोर और पेरू क्षेत्रों में फ़ैल गया, जिससे ज्यादातर मूलनिवासी ही प्रभावित प्रभावित रहे इसका यूरोपियन के शरीर पर कम प्रभाव दिखाई दिया जिसका कारण यूरोपियन के शरीर में रोग प्रतिरोधक क्षमता अमेरिकन से अधिक थी|

ऐसे ही कई देशों तक बीमारियाँ फैलाने में यूरोप केंद्र रहा है| यूरोप ने अपनी सभ्यता को विकासित करने के नाम पर प्राकृतिक विनाश की स्थिति को वहां तक पंहुचा दिया, जहाँ से आगे उस वक्त केवल बर्बादी का मंज़र ही था, इसके दुष्प्रभाव यह रहा कि वहां के जलवायु परिवर्तन की गति तीव्र हो गई और वहां सूखा तथा बाढ से फ़सल चौपट हो गई और कई महामारियों का केंद्र बना|

इसी का परिणाम था कि यूरोप ने अन्य देशों के तरफ रुक किया या कई अन्य महाद्वापों को ढूँढना प्रारंभ किया और उन देशों को अपना उपनिवेश बनाना शुरू किया |

यूरोपियन देशों ने यूरोप में अपनी भुखमरी तथा बेरोजगारी से निपटने के लिए बड़े पैमाने पर कारखाने लगाये जिसमें प्राकृतिक कच्चे माल की आपूर्ति वह अपने उपनिवेशों को माध्यम बनाकर करते थे |

औपनिवेशिक काल के बाद काल की स्तिथि औद्योगिक अर्थव्यवस्था एवं पर्यावरण से खिलवाड़ 1945 ई.वी. तक द्वितीय विश्व युद्ध की समाप्ति के साथ ही नये समय की शुरुआत हुई |

उपनिवेश काल की समाप्ति हुई ,कई देश राजनीतिक रूप से आज़ाद हुए जिसमें प्रमुख एशियाई और अफ्रीकन देश शामिल थे, मगर पर्यावर्णीय आज़ादी नहीं पा सके और लगातार इस समय काल में विश्व के विभिन्न हिस्सों में औद्योगीकरण हुआ|

औपनिवेशिक काल के बाद की स्तिथि, औद्योगिक अर्थव्यवस्था एवं पर्यावरण से खिलवाड़ व प्रदूषण

यूनाइटेड स्टेट्स ऑफ़ अमेरिका में औद्योगीकरण,अर्थव्यवस्था एवं पर्यावरण से खिलवाड़

1760 ई.वी. से 1840 ई .वी. को पहली औद्योगिक क्रान्ति का नाम दिया जाता है, जिसकी शुरुआत ब्रिटेन में हुई |

अमेरिका जो कि ब्रिटेन का उपनिवेश रहा और 1776 ई.वी में औपनिवेशिकता से मुक्त हो गया|स्वत्रंता के बाद से ही औद्योगीकरण जिसमें कपड़ा उद्योग मुख्य था, जिससे यूनाइटेड स्टेटस को बहुत फायदा हुआ और लगातार उद्योगों की संख्या बढती रही, विनिर्माण और उत्पादन की प्रौद्योगिकी में प्रगति हुई|

जिससें टेलेग्राफ़ रेलनेटवर्क गैस और पानी की आपूर्ति सीवेज सिस्टम जैसी तकनीकी प्रणाली को अपनाने में सक्षम बनाया और 1870 ई.वी के बाद में रेल और टेलेग्राफ़ लाइनों के विशाल विस्तार ने लोगों और विचारों की अभूतपूर्व आवा-जाही की अनुमति दी जिसके परिणाम से वैश्वीकरण की नवीन लहर आ गई|

उसी समय अवधि में नई प्रणाली पेश की गई जिसमें सबसे महत्वपूर्ण विद्युतशक्ति एवं टेलीफोन का प्रसार हुआ|

दूसरी औद्योगिक क्रान्ति 20वी सदी में विद्युतीकरण और उत्पादन के साथ जारी रही और औद्योगीकरण के साथ ही कोयले,लोहा और इस्पात का प्रयोग भी बढ गया और प्रथम विश्व युद्ध के साथ यह क्रांति समाप्त हुई|

यूनाइटेड स्टेट्स युद्ध के बाद 5 वर्ष आर्थिक रूप से कमज़ोर रहा और औद्योगीकरण धीमा पड गया था|

चीन में औद्योगीकरण, अर्थव्यवस्था एवं पर्यावरण से खिलवाड़

चीन ने तीन औद्योगिक असफलता के बाद 4थी बार सफलता प्राप्त की जिसे हम 1978 से देखते हैं|यह चीन की प्रमुख औद्योगिक क्रान्ति मानी जाती है, इससे पहले पूरे विश्वभर में 10% से कम जनसंख्या औद्योगीकरण में लगी हुई थी|

चीन में विश्वभर की 20% आबादी रहती है और चीन ने अपनी जनसंख्या का बड़ा हिस्सा औद्योगीकरण में लगा दिया जिसका चीन की अर्थव्यवस्था पर सकारात्मक प्रभाव देखा जा सकता है|

1978 में चीन की प्रति व्यक्ति आय 156 यु .एस डॉलर थी, यह 2021 तक 8840 यु.एस डॉलर हो चुकी है और अनुमान है कि 2023 तक 9090 यु .एस डॉलर हो जाएगी |

यह सफलता कई राष्ट्रों ने 150 से 200 सालों में प्राप्त की, चीन ने 35 वर्षो में प्राप्त कर लिया|

वर्तमान समय में चीन को दुनियाभर का मैन्युफैक्चरिंग पॉवर हाउस कहा जाता हैं, यह दुनियांभर के 50 % औधौगिक उत्पाद का उत्पादन करता है और चीन दुनियांभर में कच्चे इस्पात का 60%, सीमेंट का 50% और कोयला उत्पादन 25% से भी अधिक दुनियां को निर्यात करता है|

चीन के पास यू .एस.ऐ से भी 1.5 गुना ज्यादा पेटेंट हैं और दुनियां का सबसे बड़ा शिप, हाई स्पीडरेल, रोबोट, टनल, ब्रिज, हाइवेज, कंप्यूटर, सेलफोन आदि हैं |

इस अद्‌भुत विकास की छाया में पर्यावरण की बलि भी लगी हुई है |एक ओर 35 वर्षों में प्रति व्यक्ति आय को बढाया और जीवन स्तर को भी ऊपर पहुँचाया जो एक ही पक्ष मात्र है |

इसका प्रभाव पर्यावरण के हर घटक पर पड़ा है, इसने 10,00000 कि.मी भूमि को नष्ट कर दिया है,1/10 वा कृषि भूमि का भाग बहुत बुरी तरह प्रभावित हुआ है|

इसको प्रदूषित करने वाले कारक लैड,मरकरी,केडमियम, निकिल, क्रोमियम, मिट्टी में मिलकर मानव भोजन का हिस्सा बन गया है, जिसने कई मानव समस्या को जन्म दिया है, जिनमें से एक कचरे का उत्पादन है एक अनुमान के अनुसार 2012 में 300 मिलियन टन कचरा उत्पन्न हुआ|

.

2007 की विश्व बैंक की रिपोर्ट के अनुसार 400,000 असमय मृत्यु हुई और उनमें 60,000 से भी अधिक लोगों की मौत केवल डायरिया से हुई|

एक शोध के अनुसार पता चलता है कि चीन में 19% जल गंभीर रूप से प्रदूषित हो चुका है|

चीन की कुल नदियों की लम्बाई का 5% हिस्सा जलीय-जीव विहीन हो चुका है|

जल प्रदूषण के कारण 20 से अधिक जलमार्ग कृषि सिंचाई के लिए अनुपयुक्त है|

चीन दुनियां का सबसे बड़ा कार्बन उत्सर्जक देश है, कार्बन उत्सर्जन में चीन का प्रथम स्थान है,जो कि 29.18% है जिसे दूसरे शब्दों में यह भी कह सकते हैं कि कार्बन उत्सर्जन से होने वाले जलवायु परिवर्तन में चीन 29.18% भूमिका निभाता है|

चीन 29% जलवायु परिवर्तन का प्रत्यक्ष और अप्रत्यक्ष जिम्मेदार भी है|2018 में लगभग 8 मिलियन मौतें विश्व में हुई, मौतों का कारण वायु-प्रदूषण रहा है|

जिसमें से चीन में कुल 2 मिलियन हुई मौतें केवल चीन में ही हुई, जो कि 25% कुल विश्व भर में हुई मौतों के बराबर है|

चीन की यान्ज़ी नदी जो कि 400 मिलियन लोगों की जिदंगी का आधार थी, यह प्रदूषण से लोगों की मौत का कारण बन चुकी है|

यान्ज़ी नदी दुनियां की 3 सबसे बड़ी नदियों में से एक है,जो चीन के 20,000 रासायनिक कारखानों के बीच पूरी तरह प्रदूषित हो चुकी है, इसके चलते आस पास के कई गाँव कैंसर गाँव के नाम से प्रसिद्ध है|

जिसमें पेट, गले और लीवर कैंसर के मामले चीन के औसत कैंसर के राष्ट्रीय मामलों से दो -तिहाई अधिक है, यह लोगों के लिए ही नहीं अपितु वन्य- जीव और जलीय-जीवों के लिए भी मौत का आधार बन गई है|

चीन में पाए वाली पैडल मछली जो कि डाइनासौर के समय से अस्तित्व में मानी जाती है,यह कि 200 मिलियन सालों से जीवित प्राणी है, जिसे पिछले कुछ दशक में विलुप्ति की ओर देखा गया है| जिसका प्रमुख कारण नदीं में हर वर्ष 1.5 मिलियन मीट्रिक टन कचरे को फेंका जाना है| चीन को आधुनिक काल का औपनिवेशिक मानसिकता वाला राष्ट्र भी कहा जा सकता है, जो कि 1980 के बाद का आधुनिक औपनिवेशिक देश के रूप में उभर रहा है|

चीन द्वारा किये गए प्रदूषण का विश्व पर पड़ने वाले प्रभाव

वैश्वक स्तर पर भी कई माध्यमों से वैश्वक प्राकृतिक संसाधनों को दुष्प्रभावित कर रहा है, चीन का सबसे गहरा पर्यावरण पर दुष्प्रभाव अन्य देशों से खनिज जीवाश्म ईधन,कृषि वस्तुओं और लकड़ी के इर्द-गिर्द घुमता है|

चीन अपनी आवश्यकता और विकास की अंधी दौड़ में अन्य अफ़्रीकी और एशियाई देशों विषेश रूप से आर्थिक अक्षम देशों को माध्यम बना कर उनके प्राकृतिक संसाधनों का आयात-निर्यात कर रहा है|

प्राकृतिक संसाधनों का हस्तांतरण करने के लिए आर्थिक रूप से पिछड़े देशों में बड़े पैमानों पर सड़कों,रेलवे और अन्य बुनियादी ढाँचे के निर्माण के सौदे करता है और निवेश करता है |

जिसमें उद्देश्य विश्व भर के प्राकृतिक संसाधनों को कब्जाना ही प्रतीत होता है| चीन की अर्थव्यवस्था में हालिया मंदी के बाद भी इस तरह की गतिविधियां तीव्र गति से जारी है|अब विकासशील देशों में प्रमुख परियोजना की योजना बनाई जा रही है, चीन ने पिछले डेढ़ - दो दशक से अपना यह लक्ष्य बनाया है| जिसमें चीन अफ्रीका जैसे देशों में अपना निवेश कर रहा है, जिसके बदले वह उन देशों में उनके प्राकृतिक संसाधनों का व्यापारिक प्रयोग करेगा|

जैसे - खनन और प्राकृतिक संसाधनों का शोषण कर अपने देश में लगाये गए कारखानों में लगने वाले कच्चे माल की पूर्ति करेगा और अफ्रीका के कुछ छोटे देश या आर्थिक रूप से तंगी से जूझने के कारण उसके इस प्रलोभन में फँस रहे हैं |

उसकी इन परियोजनाओं को हम इस प्रकार देख सकते हैं कि, 2004 से 2014 तक चीन की चीन आयात - निर्यात बैंक ने पूर्वी अफ्रीकी देशों की रेल परियोजना में 10 बिलियन डॉलर के वित्त-पोषण में अग्रणी रहा है, जिनमें से कई चीन के निगमों द्वारा निर्मित किए गए है |

चीन केन्या और युगांडा में फण्ड कर रहा है और प्रमुख रेल नेटवर्क बनाने की बात कर रहा है,यह नैरोबी नेशन पार्क से गुज़रने की योजना है, जिसमें 120 कि.मी. की रेल लाइन गुजरने वाली है| यह पूरे प्राकृतिक वनों एवं उसके आस-पास के जीवन को प्रभावित करने वाली है, नैरोबी नेशनल पार्क जिसमें की हाथी संरंक्षित क्षेत्र आता है|

जिसमें केन्या के 40% हाथियों का रहवास क्षेत्र है, जो केन्या के हाथियों तथा पारिस्थितिक तन्त्र पर तो प्रभाव डालेगा ही पर वैश्विक जलवायु परिवर्तन पर भी सीधा प्रभाव डालेगा|

इतना ही नहीं इस बात की भी आशंका जताई जा रही है कि, चीन कुछ इसी तरह की योजनाओं पर निवेश कर रहा है|

जैसे औपनिवेशिक काल में यूरोपी देशों ने मानवता और प्रकृति का दोहन किया, अब एशिया में चीन करने जा रहा है|

संम्भव है कि, पूरी तरह से औपनिवेशिक काल की परिस्थिति न बनाई जा सके किन्तु यह शोषण का वही रूप नजर आता है| अब आप सोच सकते है कि, क्या किया जा रहा है मानवीय महत्वाकांक्षा के चलते, जिसमें चीन जैसे देशों ने अपना फायदा देखा और मानवता को मूकदर्शक बना दिया है|

वर्ष 2020 में जब पूरी दुनियां कोरोना वायरस महामारी से परेशान थी उसी समय चीन ने अफ्रीका में तेल, गैस और खनिज के उत्पादन में 33 हज़ार करोड़ रूपए से भी ज्यादा का निवेश कर रहा था|

नाइजीरिया में अजोकुता – कडूना –कनों नेचुरल गैस पाइप लाइन में भी निवेश कर रहा है|

चीन की चाइना डेवलपमेंट बैंक और एक्सपोर्ट–इम्पोर्ट बैंक को आईवरी कोस्ट, रवांडा, कैमरुन और कांगो गणराज्य में भी भारी निवेश करते देखा जा सकता है, जिसमें साथ ही कांगो बेसिन के सुदूर भीतरी इलाकों में भी चीन की कम्पनी सड़क निर्माण व खनन और लोजिस्टिक परियोजनाओं में निवेश करते जा रहा है|

चीन द्वारा दक्षिण अमेरिका तथा कैरेबियन देशों में भी प्रवेश किया है, दक्षिण अमेरिका प्राकृतिक संसाधन तथा घने जंगल से परिपूर्ण है,जिसमें अमेज़न के जंगल भी पाए जाते हैं,यहाँ खनिज के रूप में सोना,चाँदी और अन्य खनिज भी भरपूर मात्रा में पाए जाते हैं|

दक्षिण अमेरिका में कृषि का भी उत्पादन होता है,यहाँ शुद्ध जल के भी भरपूर स्त्रोत है| यह कैरिबियन सागर,अटलांटिक सागर और प्रशांत सागर से लगा हुआ क्षेत्र हैं, साथ ही दक्षिण अमेरिका महाद्वाप की अर्थव्यवस्था का आधार, कृषि निर्यात है|

यहाँ का जलवायु क्षेत्र को मुख्य चार भागों में बंटा जाता है – उष्णकटिबंधीय,उपोष्णकटिबंधीय, समशीतोष्ण शुष्क,और शीतोष्ण है|

दक्षिण अमेरिकी देश आधे से ज्यादा उष्णकटिबंधीय क्षेत्रों में पाए जाते हैं, जिसमें उष्णकटिबंधीय वर्षा, उष्णकटिबंधीय आर्द्र और शुष्क जलवायु शामिल है, उष्णकटिबंधीय क्षेत्रों में वर्षा की अधिकता के कारण यहाँ अमेजन के जंगल पाए जाते हैं |

इन क्षेत्रों का दैनिक तापमान 30* होता है वार्षिक तापमान में खास परिवर्तन नहीं होता जबकी औसत वार्षिक वर्षा 262 सेटीमीटर तक होती है, कुछ क्षेत्रों में अत्यधिक मात्रा में वर्षा होती है|

उदाहरण के लिए कोम्बिया के चोको क्षेत्र में हर साल 800 से.मी. वर्षा होती है ,दक्षिण अमेरिका के उष्णकटिबंधीय जलवायु में कई फसलें पनपती है|

जैसे काजू और ब्राज़ील नट की खेती की जाती है,साथ ही एवोकैडो, पपीता और अमरुद जैसी फसल भी उगाई जाती है, उष्णकटिबंधीय फल, दक्षिण अमेरिका के मूल निवासी है |

दो महत्वपूर्ण नगदी फसलें उगाई जाती हैं और यह कॉफ़ी का निर्यातक भी है|

पम्पास के विशाल घांस के मैंदान भी यही पाए जाते हैं | दक्षिण अमेरिका के देश ब्राज़ील, कोम्बिया, अर्जन्टीना, पेरू, वेनिजुएला, चिली, इक्वेडोर, वोलिविया, पैराग्वे, गुयाना सूरीनाम, फल्क्लैंड, आइलैंड आदि हैं |

चीन, दक्षिण अमेरिका के कई देशों में 2008 के वित्तीय संकट के बाद से मुख्य ऋणदाता बन गया है|

यह विश्व बैंक , इंटर –अमेरिकन बैंक और यु .एस.आयात-निर्यात बैंक के द्वारा संयुक्त रूप से दिए जाने वाले ऋण से भी अधिक ऋण चीन द्वारा दिया जा रहा है|

ब्राज़ील, अर्जेंटीना और इक्वेडोर आदि को, दिए गए ऋण के बोझ के तले दबा कर एक तरह की निर्भरता को माध्यम बना कर ऋण की पुनः भुगतान की निश्चितता के बदले में वहीँ के प्राकृतिक संसाधनों को चीन अपने प्रयोग में लाने के लिए दक्षिण अमेरिकी देशों की प्रकृति को नष्ट कर रहा है और वहाँ की सरकारों से संधि के तौर पर दक्षिण अमेरिका के खनिज को ऋण ना चुकाने की स्तिथि में प्रयोग में ले सकेगा|

कर्ज़ा इतना अधिक हो चुका है कि उसे अदा कर पाना इतना सरल नहीं है दक्षिण अमेरिकी देशों की सरकारों के लिए |

चीन के लिए निर्यात अन्य देशों के निर्यातों की तुलना में 12% से अधिक ग्रीन हाउस गैस का उत्सर्जन करते हैं ,वस्तु-परिवहन के उद्देश्य से वनों की कटाई पर विचार किया जाये तो ग्रीन हाउस उत्सर्जन में और वृद्धि होती है|

एक अध्ययन में पाया गया है कि ब्राज़ील, अर्जेन्टीना, पैराग्वे और बोलीविया में होने वाली लेटिन अमेरिका के वनों में कटाई का कारण कृषि निर्यात से जुडा है|

साथ ही ब्राज़ील में शोधकर्ताओं ने चीनी निवेश को अमेज़न के वनों की कटाई का प्रमुख कारण माना है|

यह जंगल को मानव अतिक्रमण के लिए छोड़ देता है और वन्य जीवों की आवाजाही को प्रभावित करता है|

चीन में सोया की मांग के कारण मटोग्रोसो में सेराडो सवाना को बड़े पैमाने में प्रभावित किया है,यह ब्राज़ील के सबसे प्रमुख पारिस्थितिक तंत्र में से एक है|

हालाँकि दक्षिण अमेरिकीय देशों में से कुछ देश स्थानीय लोगों की मांग पर उच्च पर्यावर्णीय आधार परियोजना को मंजूरी देते हैं, किन्तु चीन के मामले में यह भी प्रभावित होते नज़र आ रहे हैं|

सत्ता की गलत नीतियों के चलते अमेजन के जगलों का निर्वनीकरण हो रहा है|

परिणामस्वरूप ब्राज़ील के अमेजन क्षेत्र में 2020 में, लगभग 2500 से अधिक बड़ी आगज़नी हुई, जिसमें से चौकाने वाले नए तथ्य सामने आए है कि 41% से अधिक अमेजन वर्षा वनों में आगज़नी देखी गई है|

हालाँकि अमेजन वर्षा वनों में प्राकृतिक रूप से आग नहीं लगती है, क्योकि खड़े जंगल में आग लगाने के लिए विशेष परिस्थितियों की आवश्यता होती है,जो अमेजन में प्राकृतिक रूप से नहीं बनती है|

अमेजन जंगलों में लगने वाली आगज़नी का प्रमुख कारण मनुष्य है, क्योंकि मनुष्य द्वारा वनों की कटाई में तीव्रता आती जा रही है|

वनों की कटाई करने के बाद भूमि को साफ़ करके खेतीहर बनाते जा रहे हैं, यह अवैध है अमेजन के जंगल न, केवल दक्षिण अमेरिका के लिए ज़रूरी है यह विश्व में होने वाले जलवायु परिवर्तन में भी अहम भूमिका निभाते हैं|

इसकी प्रमुख कटाई का कारण सोया और बीफ की विश्वभर में मांग की पूर्ति करने के लिए वर्षा वनों का शिकार बनाया जा रहा है| इसमें कृषि व्यापारी और उन देशों की सरकारें भी इसकी कटाई को बढावा दे रही हैं और जंगलों को काट कर कृषि-भूमि में परिवर्तित किया जा रहा है|

जैसे कि – सोया और बीफ का सबसे बड़ा ग्राहक चीन है, वह अपनी खाद्य - सुरक्षा की रणनीति के चलते इसको बढाना चाहता है ,सोया चीन की कमज़ोर कड़ी है|

यह मुख्य खाद्य वस्तु है जिसकी ज़रूरत को वह अन्य देशों को माध्यम बनाकर पूरा कर रहा है, ब्राज़ील को फसल का सबसे बड़ा निर्यातक बना कर इससे चीन सोया जैसी फ़सल आयात करना चाहता है|

जिसका प्रयोग मुख्यरूप से सुअरों को भोजन खिलाने में किया जाता है|चीन द्वारा अब चीन की स्वामित्व वाली कंपनिया सीधे ब्राज़ील की आपूर्ति-श्रंखला में निवेश करती है, ताकि दक्षिण अफ़्रीकी देश अपना निर्यात बड़ा कर सकेऔर सोया के लिए बढती चीन की भूख प्राचीन जंगल को नष्ट करने की गति के लिए प्रोत्साहित कर रही है |.

जिससे वनों की कटाई में तेज़ी आई है, 2013 के बाद इसकी गति कई गुना बढ चुकी है|

जिसका प्रमुख कारण वर्तमान सरकारों के शासन में आ जाना है ब्राज़ील में वर्तमान शासकों की गलत नीति के चलते, वर्तमान सरकारों ने पर्यवारण नियमों को शिथिल किया क्योंकि दक्षिण अमेरिका के विकासशील देश , रोज़गार संकट से गुज़र रहे हैं |

वहाँ की तात्कालिक सरकारों ने रोज़गार देने के नाम पर वनों की कटाई का सहारा लेना शुरू कर दिया है|

जंगल को बचाने की अपेक्षा उन्हे कटाने पर ज्यादा जोर दिया जा रहा है, यह पारिस्थितिक तंत्र के लिए अत्यंत भयानक है| जिसके परिणाम हमें पृथ्वी के हर हिस्से में विनाश के रूप में देखने को मिलेंगें |

.

आसियान देशों में पर्यावरण की स्थिति

.आसियान दक्षिण पूर्वी एशियाई देशों का समूह है, जिसमें ब्रुनेई, कम्बोडिया, इंडोनेशिया,लाओस, मलेशिया,मियानमार, फिलीपिंस सिंगापुर, थाईलैंड, वियतनाम, साथ में दो अन्य .प्रेक्षक देश हैं पापुआन्यू -गिनी और पूर्व तुमूर |

आसियान देशों की एक समस्या, यह है कि कई विकसित देश अपने यहाँ के कचरे को इन देशों में डंपिंग और चक्रण के लिए भेजते है हालाँकि यह एक व्यापर की तहर काम करता है|

मगर इससे पर्यावरण को बेहद खतरा है यह किसी भी तरह से सही नहीं हो सकता है कि विकसित देश विकासशील देशों की आर्थिक स्तिथि का फायदा उठाकर उन्हें इस्तेमाल करें, यह आसियान जैसे विकासशील देशों के लिए घातक है |

यह साफ़ तौर पर सन्देश देता है कोई भी देश आज के समय में कितने प्रकार के दावे और वादे करले मगर अब भी पर्यावरण को लेकर तेरा –मेरा की मानसिकता से प्रेरित हैं|

फिर चाहे यह यूरोपियन - यूनियन हो या अमेरिका या फिर अन्य देश |

इसका परिणाम यह हुआ है की आज आसियान देश कचरा स्थल बन चुके हैं|मगर हाल ही में आसियान देशों ने इसके लिए कदम उठाये हैं,पश्चिमी देशों से आने वाले कचरे को वापस भेज रहें हैं | क्योंकि इसके दुष्परिणाम से वहाँ की नदी और जमीन प्रदूषण से विकराल स्तिथि में पहुँच चुकी हैं|

जिसका परिणाम इस रूप में देख सकते हैं |इण्डोनेशिया की सिटारम नदी विश्व की सबसे प्रदूषित नदी है|

भारत की पर्यावरण स्तिथि

भारत एक विकासशील देश है| यह विश्व का 2.4% भाग भूमि को धारण करता है, जिस पर विश्वभर की 17% जनसंख्या का भार है|

यह बढ़ता जा रहा है, इससे अनुमान लगाया जा सकता है कि कम संसाधनों पर बड़ी संख्या का भार प्रदूषण का प्रमुख कारण है | वर्तमान स्थिति में विश्व के शीर्ष 30 प्रदूषित शहरों में से 22 भारतीय शहर है|

जिसका परिणाम यह है कि हर वर्ष लगभग 20 लाख लोग वायु प्रदूषण से मारे जाते हैं,सरकारों का इस गंभीर समस्या के प्रति ढुलमुल रवैया ही देखने को मिलाता है|

हालाँकि सर्वोच्च न्यायलय के निर्देश सरकारों को मिलते रहते हैं जिसके बाद भी कोई दूरगामी रणनीति नज़रनहीं आती है|

2050 तक विश्व के सबसे ज्यादा जनसंख्या वाले शहरों में भारत के दो शहर हो जायेंगे दिल्ली और मुबई जहाँ प्रदूषण का स्तर और भी भयावय हो जायेगा |

भारत में दिल्ली का प्रदूषण भारत की सबसे बड़ी समस्या है,यह सर्दियों के समय अधिक बढ़ जाता है, जिसका कारण पराली का जलाना ,कचरा जलाना, सड़क की धूल और बिजली संयंत्र कारखाने ,निर्माण कार्यों से निकलने वाली धुआँ साथ ही वाहनों से निकलने वाले धुएँ से ppm 2.5 और ppm 10 कणों से वायु की गुणवत्ता की जांच करने पर गंभीर परिणाम निकले |

जिसका स्तर पिछले कुछ वर्षों से गंभीर देखा जा रहा है, यह 7 नवम्बर 2016 को 999 तक पहुँच गया, यह सामान्यता 0 -50 ppm के स्तर को अच्छा माना जाता है और 100 ppm तक संतुष्टिपूर्ण माना जाता है|

किन्तु 999 ppm होने का अर्थ है वायु की अशुद्धता के कारण भीषण फेफड़ों की बीमारी से मानव मौतों का ही कारण नहीं बल्कि सम्पूर्ण पर्यावरण के लिए खतरनाक है, भारत में कम से कम 140 मिलियन लोग साँस लेते हैं |

डब्लू.एच.ओ द्वारा निर्धारित की गई सुरक्षित सीमा से 10 गुना अधिक खतरनाक है|

वायु प्रदूषण के प्रमुख उत्सर्जक घटक औद्योगिक प्रदूषण है,यह 51% वायु प्रदूषण का कारण है, वाहनों से निकलने वाले प्रदूषण 27%, है फसलों को जलाने से 17% प्रदूषण होता है और अन्य कारणों से 5% प्रदूषण होता है|

भारत में अधिकतर उद्योग कोयले पर निर्भर है| इस के समाधान के लिए अक्षय उर्जा की तरफ बढ़ना होगा, यह वायु प्रदूषण को कम करने में मदद करेगा, दूसरा प्रमुख प्रदूषण का कारक वाहनों से निकलने वाला धुआँ है, जिसके लिए हमें इलेक्ट्रिक वाहनों की तरफ मुड़ना होगा|

यह परिवर्तन का समय है हालाँकि सरकारें इसके लिए अनुदान देने की बात तो करती है, मगर वह अभी तक ना काफी ही नजर आता है, इसके लिए सरकारों को अत्यंत गंभीरता के साथ कदम उठाने चाहिए |

अगर भारत के ग्रामीण क्षेत्रों में समस्या की बात करें तो वहाँ पर होने वाला प्रदूषण रसोई में उपयोग होने वाले ईधन के कारण होता है इसके लिए भारत सरकार ने नेचुरल गैस पर निर्भरता बढाने के प्रयास किये यह कारगर भी माने जाते हैं|

भारतीयों के फेफड़े यूरोपियन लोगों की तुलना में 30% कमज़ोर है, यह अध्ययन 2013 में धूम्रपान न करने वाले लोगों पर किया गया था जिसमें यह गंभीर परिणाम सामने आए |

इसको दूसरे नज़रिये से इस आधार पर देख सकते हैं कि यूरोपियन संघ में जीवन प्रत्याशा दर पुरुषों की 81.3 एवं महिलाओं की 84 वर्ष होती है, जबकि भारत में पुरुषों की 69.5 और महिलाओं की 72 है|

इसका अर्थ है भारतीय, यूरोपियन की अपेक्षा लगभग 12 वर्ष कम जीवित रहते हैं, जिसमें प्रमुख अंतर वायुमंडल में वायु प्रदूषण है, भारत में वायु प्रदूषण का स्तर सामान्य मानकों से 10 गुना अधिक है|

वहीँ दूसरी तरफ एशिया का दूसरा देश जापान है, जिसका औसत वायु प्रदूषण का स्तर 40 ppm है|

जो वर्तमान की स्थिति में अन्य एशियाई देशों की तुलना में श्रेष्ठ है,साथ ही टोक्यो जो जापान की राजधानी है,विश्व की सबसे अधिक जनसंख्या वाला शहर है जिसके बाद भी वायु प्रदूषण स्तर 62 ppm है|

नतीजतन जापान में जीवन प्रत्याशा दर सार्वाधिक है यह 81.5 पुरुष एवं महिलाएं 86.9 है औसत 84.3 यह विश्वभर में सर्वाधिक है|

साउथ कोरिया भी एक एशिया का ही देश है, जिसकी राजधानी सीओल है, वहां का वायु प्रदूषण स्तर 46ppm है|

जबकि औसतन साउथ कोरिया का प्रदूषण स्तर लगभग 60ppm है, परिणामस्वरुप वहाँ की जीवन प्रत्यशा दर विश्व में तीसरे स्थान पर है, यहाँ पुरुष की 83.23 वर्ष है, महिलाओं 86.5 तथा महिलाओं और पुरुषों की औसतन आयु देखी जाए तो 83.5 है|

जबकि भारत कार्बन उत्सर्जन में तीसरे स्थान पर है, यह 2.2 गीगा टन कार्बन उत्सर्जित करता है|

जिसमें प्रथम स्थान चीन का है, यह 9.3 गीगा टन कार्बन उत्सर्जित करता है|

जापान कार्बन उत्सर्जन करने में 5वे स्थान पर है, यह 1.1 गीगा टन कार्बन उत्सर्जित करता है,किन्तु भले ही चीन विश्व का सर्वाधिक कार्बन उत्सर्जित करने वाला देश है, उसके बाबजूद भी चीन के शहरों की वायु प्रदूषण की स्थिति भारत के शहरों की प्रदूषण स्थिती बेहतर है|

भारत के 35 शहर विश्व के 50 प्रदूषित शहरों में आते हैं, जबकि चीन के केवल 7 शहर ही आते हैं| बांग्लादेश के केवल 2 शहर और पाकिस्तान के 5 शहर आते हैं|

एशिया के परिदृश्य पर देखें तो शीर्ष 50 शहरों में लगभग सभी एशियाई शहर आते हैं |

एशिया में विश्व जनसँख्या का 60% मानव निवास करता है, यह विश्व के 37% संसाधनों को धारण करता है और कार्बन उत्सर्जन में 53% कार्बन उत्सर्जन करता है,यह 35% मौतों का कारण है |

भारत के मुख्य प्रदूषित शहर और उसमें प्रदूषण का कारण.

ग्वालियर -

मध्यप्रदेश में एक शहर जो अपने गौरवपूर्ण इतिहास के लिए प्रसिद्ध है एवं वर्तमान समय में पर्यटकों के लिए आकर्षण का केंद्र है|

साथ ही कला साहित्य और संगीत में भी वैश्विक महत्त्व रखता है, यहाँ कई बाग-बगीचे हैं,यह कई अलग -अलग तरह की स्थापत्य शैली जैसे- इटेलियन, कलाकृति एवं स्थापत्य कला की झलक देखने को मिलती है,इतिहास के पान्नों में भी ग्वालियर स्वर्णिम रूप से उल्लेखित है|

किन्तु वर्तमान समय में इसकी खूबसूरती को प्रदूषण की नज़र लग गई है, जिसका कारण शहर में कपडा, लकड़ी के फर्नीचर, रबर पहियों का निर्माण,पत्थरों के फड़, ईटों के भट्टे और मदिरा निर्माण उद्योग है|

किन्तु बीते कुछ समय से ग्वालियर में प्रदूषण के चलते स्थितियां गंभीर हैं, वर्तमान समय में ग्वालियर विश्व के प्रदूषितम शहरों में से एक हो चुका है|

जिसका कारण कम क्षेत्र में अधिक आबादी का भार है, नतीजतन वाहनों की अधिकता से निकलने वाला प्रदूषण और ग्वालियर शहर के पास में स्थित फड़ो से निकलने वाली धूल, ईटों के भट्टों से निकलने वाला धुंआ, कचरे को जलाने से होने वाला धुआं ,उद्योगों से निकलने वाला धुआं और आस -पास के क्षेत्रों में किसानों द्वारा जलाई गई पराली से निकलने वाले धुआं से ग्वालियर शहर में वायु प्रदूषण में CO2, SO2, CO साथ ही ppm 10 और ppm 2.5 का स्तर कभी - कभी सर्दियों में खतरनाक स्तर पर हो जाता है|

जो कि डब्लू.एच्.ओ. के मानक स्तरों पर 30ppm होना चाहिए कई. यूरोपियन देशों में 30ppm से अधिक होने पर स्वास्थ्य

आपातकाल घोषित कर देने की मांग होने लगती है|

ppm10 यह भी ppm 2.5 की तरह ही वायु प्रदूषण का मापन है, लेकिन उसकी स्थिति तो और भी अधिक गंभीर है,यह कभी-कभी 330 ppm तक पहुँच जाता है|

किन्तु स्थानीय प्रशासन इस मुख्य समस्या पर कोई ध्यान नहीं देता है|

ppm10 सामान्य स्तिथि में 50 ppm से ऊपर नहीं होना चाहिए,वर्तमान समय में वायु प्रदूषण के कारण कई स्वास्थ्य समस्या देखने को मिल रही है|

जिसमें प्रमुख तौर से स्वांस सम्बन्धी समस्या, ह्रदय घात, आँखों की समस्या और त्वचा सम्बन्धी समस्या देखनों को मिल रहीं हैं,अगर स्थानीय प्रशासन इस ओर ध्यान नहीं देता है |तो स्वास्थ्य समस्या के साथ ही जनता अपने उपचार के व्यय से दब जाएगी और प्रशासन को भी स्वास्थय क्षेत्र में अधिक व्यय करना पड़ेगा और एक दुष्चक्र बन जायेगा क्योंकि ग्वालियर की 80% आबादी निम्न- माध्यम-आय वाली है|

ग्वालियर एक और प्रमुख समस्या से जूझ रहा है, भू -जल स्तर का निम्न होना तथा जल का प्रदूषण से प्रदूषित होना |ग्वालियर में जल के प्रमुख संसाधनों में भू –जल(कुएं,हैण्ड पंप, बोरिंग) एवं तिघरा बाँध हैं, समय के साथ जलवायु परिवर्तन के कारण और इसमें मानव भी परस्पर दोषी है|

C.G.W.B की रिपोर्ट के अनुसार 2008 -17 की अवधि के लिए 71.6% कुओं के जल स्तर में गिरावट आई, मध्य प्रदेश के ग्वालियर एवं चम्बल के क्षेत्र में काफी गिरावट देखने को मिली|

जिसके चलते जल अधिक गहरे से निकालने की वजह से, जल की कठोरता के स्तर में वृद्धि देखी गई, जल की कठोरता के बढ़ने से ग्वालियर क्षेत्र के रहवासीयों में कई स्वास्थ्य समस्या को देखा गया है|

जैसे-कि- पथरी की समस्या, ह्रदय सम्बन्धी समस्या ,डायबिटीज, बाँझपन और किडनी का खराब होना |

तिघरा बांध जल आपूर्ति का दूसरा प्रमुख माध्यम है, यह ग्वालियर में 1930 ई.में स्थापित किया गया था,पानी के भण्डारण की प्रारंभिक क्षमता 3.6 mgd थी, 1930 में ग्वालियर की जनसंख्या मात्र 50 हज़ार थी, यह अब लगभग 21 लाख के ऊपर जा चुकी है|

यह वर्तमान ज़रुरत के लिए अपर्याप्त नज़र आता है,राज्य सरकार और स्थानीय प्रशासन ने कोई गंभीर प्रयास जलसंरक्षण को संचयन करने के लिए नहीं दिखाएँ हैं,बाँध से आने वाले पानी की हालत कभी-कभार 30% से भी कम हो जाती है|

वर्तमान जलवायु परिवर्तन को देखते हुए यदि एक या दो वर्ष, वर्षा नहीं होती तो जल की आपूर्ति जैसे गंभीर समस्या से जूझना पड़ सकता है|

ग्वालियर शहर में कुछ क्षेत्र विशेष प्रभावित क्षेत्र है जिनमें से बहोडापुर, गुडी-गुडा का नाका, कुमरपूरा, भीम नगर, मुरागंज, हरखेडातिकोनिया,आदित्यपुरम, पिंटू पार्क, कोठीगाँव ललियापूरा, राम नगर, महल गाँव, सिटी सेंटर, ग्रीन पार्क,शताब्दीपुरम और गोविन्दपुरी में बोरिंग सूख चुकी है|

आनंद नगर,मोती झील, महाराज बाड़े आदि क्षेत्र गंभीर रूप से जल संकट से झूझ रहे हैं|

<u>ग्वालियर शहर की मरती नदी स्वर्णरेखा</u>

आज से लगभग कुछ दशक पहले स्वर्ण रेखा नदीं की स्थिति भिन्न थी|

राजशाही समय में एक साफ़ जल स्त्रोत थी जिसके कारण शहर का जल स्तर अच्छा बना रहता था, क्योंकि यह नदीं हनुमान बाँध से निकलते हुए 30 किमी की दूरी तय करती है|

यह शहर के बीचों – बीच से निकलती है पिछले कुछ समय में इसके तल को सीमेंट से पक्का कर दिया गया, जिससे नदी का जल ज़मींन में नहीं जा पाता यह भी एक ग्वालियर के भू – जल स्तर गिरने का कारण है|

वर्तमान समय में शहर के सभी नालों को इससे जोड़ दिया गया है और इसे नाले का रूप दे दिया गया है, जो एक समय निर्मल और

पेय जल था और यह ग्वालियर शहर की जीवन रेखा मानी जाती थी |

यह परिणाम अधिकारियों तथा प्रशासन की लापरवाही व उनके द्वारा की गई अनदेखी से ही है, यह आज ग्वालियर शहर के रहवासीयों को झेलना पड़ रहा है|

यह संकट वह है , जो सीधा दिख रहा है किन्तु ग्वालियर के पास लगे हुए उद्योगिक क्षेत्र मालनपुर एवं बानमौर जो कि लगातार पर्यावरण के पैमानों पर खरे नहीं उतर रहे हैं|

औद्योगिक क्षेत्र से होने वाली हानि तथा पर्यावरण पैमानों का उल्लंघन है |

मालनपुर औद्योगिक क्षेत्र यह ग्वालियर से लगा हुआ है और यह क्षेत्र उद्योगों और फैक्ट्रियों की वजह से जाना जाता है|

यह ग्वालियर से 10 कि.मी. की दूरी पर स्थिति है, यह राष्ट्रीय राजमार्ग 92 पर है,इसके लिए सरकार ने 1984 में 833 हेक्टेयर ज़मीन आबंटित की थी |

जिसने भारत के कुछ प्रतिष्ठित कॉरपोरेट को आकर्षित किया जिनमें प्रमुख मोंडेलेज इंटरनेशनल, जमना ऑटो, गोदरेज साबुन,सी .टी कार्टन यार्न और व्हाइट राइनो आदि प्रमुख हैं |

जिस कारण से यहाँ का वायु एवं जल प्रदूषण का स्तर सुरक्षा मनकों से 10 गुना के ऊपर पाया जाता है, जहाँ ppm 2.5 का स्तर सामान्यतः 330ppm के ऊपर रहता है|

यह एक दिन में 24 सिगरेट पीने से भी घातक है और ppm10 का स्तर 324 के पार रहता है,साथ ही O3 का स्तर 130 को पार करता है सर्दियों में इसका प्रभाव अधिक नज़र आता है|

बानमोर औद्योगिक क्षेत्र

ग्वालियर के निकट दूसरा औद्योगिक क्षेत्र है, यह 1984 में मालनपुर के साथ स्थापित किया गया, जिसका उद्देश्य रोज़गार पैदा करना था |

jc मिल और स्टील मोल्डिंग फेक्ट्री सिम्को बंद हो जाने के बाद नए सिरे से औद्योगीकरण की शुरुआत हुई|

तत्कालीन सरकार ने निवेशकों को आकर्षित करने के लिए बिजली और पानी पर 35% छूट तथा कर में भी छूट दी,उद्योग नीतियों को सरलीकृत रखा ताकि ज्यादा से ज्यादा उद्योग इस क्षेत्र तक पहुँच सके|

यहाँ तक तो ठीक था, किन्तु इन क्षेत्रों में पर्यावरण नियमों में भी छूट देखी गई,जिसने पर्यावरण को तबाह करने की आज़ादी दे दी,वर्तमान समय में बानमोर PVC टायर, अलुमिनियम उत्पाद, ग्लास बल्ब फक्ट्रियों एवं प्रमुख रूप से मदिरा निर्माण उद्योग साथ में ईटों के भट्टे ,पत्थरों के फड़ आदि प्रदूषण के प्रमुख कारण हैं|

जिसके चलते बानमोर का वायु प्रदूषण का स्तर और जल प्रदूषण का स्तर अत्याधिक बुरी स्तिथि में पहुँच चुका है, जिसके लिए ना ही स्थानीय प्रशासन कुछ करते हुए नजर आता है और ना ही प्रदूषण नियंत्रण बोर्ड कंही भी दिखाई देता है|

बानमोर यह NH -3 पर पड़ता है,यहाँ की स्तिथि इतनी गंभीर है कि बानमोर क्षेत्र में दुर्गन्ध से परेशानी होती है| यह बानमोर निवासियों के लिए असहनीय है और फेक्ट्रियों से होने वाले प्रदूषण के विषय में बात की जाये तो ppm 2.5, 350 के पार एवं ppm 10 – 370 के पार O3, 70 के पार रहता है और इन्ही औद्योगिक क्षेत्र का प्रभाव ग्वालियर के वातावरण में भी देखा जा सकता है जिसकी वजह से ग्वालियर विश्वभर के प्रदूषितम शहर में आता है|

कानपुर–

चमडा और कपड़ा उद्योग के लिए प्रसिद्ध है एवं देश का 12वा सबसे आबादी वाला शहर है, यहाँ कानपुर जिले की जनसँख्या अनुमानित 53 लाख है,ज़्यादातर कानपुर की जनसंख्या मेट्रो श्रेत्र में निवास करती है|

भारत की पहली ऊन मिल 1876ई. में अलेक्स्ज़ेंडर मर्कोवार्ट द्वारा ब्रिटिश इंडिया कॉरपोरेशन ने “लाल इमिली” ब्रांड के नाम से स्थापित किया, इसके साथ ही शहर को व्यापक रूप से विश्वभर में चमड़े के शहर, के रूप में जाना जाता है, कपडे उद्योग

की अधिकता के कारण, कानपुर को पूर्व का मेनचेस्टर भी कहा जाता है|

कानपुर नगर निगम द्वारा जे.एन.एन.यू.र.स के तहत परिभाषित महानगरीय क्षेत्र में, कानपुर नगर निगम क्षेत्र सीमा के आस-पास का 8 किमी और उत्तर पूर्वी हिस्से में उन्नाव जिले के 47 गाँव सामिल है|

यह मुर्तजा नगर तक फैला हुआ है,इसकी पश्चिमी सीमा अकबरपुर कानपुर देहात नगर पंचायत सीमा तक पूर्वी तरफ फतहपुर तक सीमा का विस्तार है|

महानगरीय क्षेत्र की सीमा शुक्लागंज बिठूर ग्राम प्राधिकरण भी इसी में शामिल है, जिसकी प्रसिद्धी कपड़ा और चमडा उद्योगों को लेकर है|

यह अब विकट त्रासदी के रूप में बदल चुकी है और ख्याति का आधार प्रदूषण हो गया है|कानपुर वर्तमान समय में विश्व के प्रदूषितम शहरों में से एक है|

कानपुर यह गंगा नदीं के किनारे बसा हुआ है, कानपुर शहर एवं आसपास के क्षेत्र में कई उद्योग है| उन उद्योगों से निकलने वाला प्रदूषण कानपुर एवं आस-पास के सम्पूर्ण पर्यावरण को हर स्तर पर प्रभावित कर रहा है, गंगा नदीं अन्य जल ,भू –जल,थल , वायु आदि|

चमडा कारखानों से होने वाला प्रदूषण, चमडा उद्योग में भारी धातु जैसे-कैडमियम,सीसा, लोहा,ताम्बा ,जस्ता,मैगनीज के अन्य जहरीले रसायन और अम्लीय अपशिष्ट पदार्थ नदियों में छोड़ दिए जाते हैं, जो पर्यावरण एवं मानव स्वास्थ के लिए हानिकारक है|

हाल ही में IIT कानपुर द्वारा किये गए एक सर्वे के अनुसार शहर की खराब प्रदूषण 60% कारण सड़क से उड़ने वाली धूल को माना है|

स्थानीय प्रशासन द्वारा लचर निर्माण कार्य व्यवस्था के कारण धूल की साद्रता सामान्य से भी कई गुना अधिक हो जाती है, एक रिपोर्ट के अनुसार वाहनों से निकलने वाला प्रदूषण 15% है और 25 % कारण औद्योगिक प्रदूषण को माना है|

दीवाली के समय प्रदूषण का स्तर कई गुना बढ जाता हैं, इसका कारण शहर में वाहनों की आवा-जाही. का बढ़ जाना एवं पटाखों का असीमित मात्रा में प्रयोग प्रदूषण को और भी घातक बना देता है,दीवाली के समय पीपीएम का स्तर देश भर में आमतौर पर 400ppm के पार देखा जाता है|

सामान्य दिनों में इसका स्तर 300 ppm के पार होता है|इसका यह अर्थ है कि वायु प्रदूषण में उद्योग कानपुर.को प्रदूषित तो कर ही रहे हैं, मगर वह अन्य प्रदूषण जिसमें जल प्रदूषण और भूमि प्रदूषण को भी अत्यधिक घातक स्तर तक पहुँचा चुका है|

जिसका कारण कानपुर शहर में लगभग 800 उद्योग है, जिससे सामाजिक-आर्थिक स्तिथि में वृद्धी हुई है|लेकिन यह उद्योग गंभीर जल प्रदूषण का भी कारण रहा, इससे निकलने वाले तत्व AS,Cr,Cd,Cu,Fe,Hg,Pv, जिंक, अमोनिया, नाइट्राइट सल्फेट आदि हानिकारक तत्व हैं|

यह मानव एवं जीव जंतु के जीवन का हिस्सा बनता जा रहा है और कई बीमारियों का कारण भी बनते जा रहे हैं, साथ ही जलीय जीवों की विलुप्ति का कारण है और यह कानपुर से गुज़र रहीं गंगा नदीं में देखा जा सकता है|

कानपुर में गंगा नदीं के प्रदूषण की स्थिति

गंगा कानपुर से होकर निकलती है,जिसके फलस्वरुप 15 लाख आबादी का सीवेज,यह 14 करोड़ लीटर होता है, गंगा नदीं में सिसमऊ नाले के माध्यम में चला जाता है|

सिसमऊ नाला यह अंग्रेजों द्वारा 1892ई. में इसका निर्माण करवाया और सिसामऊ एशिया का सबसे बड़ा नाला है, नतीजतन गौ –मुख से गंगासागर तक की यात्रा में गंगा का सबसे प्रदूषित हिस्सा कानपुर में ही है और यह आश्चर्य की बात नहीं है ,क्योंकि शहर में प्रतिदिन 450 मिलियन लीटर से अधिक और नगर पालिका से सीवेज और उद्योग से अपशिष्ट उत्पन्न होता है जो सीधे गंगा नदी में पहुँचता है |

जिसका अधिकांश भाग सीधे गंगा में बहा दिया जाता था 2018 से नाले को टेप कर दिया गया है |

उत्तर प्रदेश पीसीबी की हालिया रिपोर्ट के अनुसार जल गुणवक्ता का स्तर मांपने का आधार कोलीफार्म बैक्टीरिया की संभावित संख्या पानी पीने के लिए 50 MPN/100 ml से अधिक नहीं होना चाहिए और स्नान के लिए 500 mpn /100ml से अधिक नहीं होना चाहिए, अपितु वर्तमान समय कानपुर में 14000 /100 ml है,यह पीने तो क्या किसी भी प्रकार से प्रयोग में नहीं लाया जा सकता है|

नाले को टेप करना एक कदम तो कहा जा सकता है मगर इससे आगे बढकर और भी मजबूत प्रयासों की आवश्यकता है,यह सरकारों के स्तर से लेकर गैर- सरकारी संस्थाओं एवं व्यक्तिगत स्तर पर जागरूकता से ही सम्भव है|

उसके साथ ही पर्यावरण नियमों को मजबूत करने और पर्यावरण नियमों का शक्ति के साथ नियमन भी अत्यंत आवश्यक है,नहीं तो हम प्रकृति के जीवन तत्वों से हाथ धो बैठेंगे और सम्पूर्ण जीवन चक्र को समाप्त कर देंगें |

वाराणसी में प्रदूषण की स्थिति

वाराणसी भी गंगा नदी के किनारे बसा हुआ पुरातन एवं धार्मिक स्थल होने की बजह से अत्यतं पवित्र शहर माना जाता है| यह भारतीय हिन्दू मान्यताओं के अनुसार काशी विश्वनाथ की नगरी मानी जानी है|

काशी विश्वनाथ धार्मिक आस्था के अनुसार प्रकृति के प्रतीक माने जाते है , काशी शिव की नगरी मानी जाती है|

शिव जी जल, वायु, अग्नि अन्य सभी प्राकृतिक तत्व में व्याप्त माने जाते हैं, वर्तमान परिदृश्य में वाराणसी दुनियां के 50 प्रदूषित शहरों में से एक है|

वाराणसी में सामान्यता वायु गुणवत्ता का स्तर ppm 2.5 लगभग 300 के पार रहता है और ppm10 लगभग 350 के पार रहता है,यह कोई अच्छा सन्देश नहीं है ,इसके नियंत्रण के लिए कई योजना भी चलाई गई हैं, यह ज़मीनी स्तर पर यह क्रियान्वयन शून्य ही नज़र आती हैं|

वाराणसी में प्रदूषण करने वाले प्रमुख कारक सड़क की धूल के कण वाहनों से उत्सर्जित धुआं, कचरे को जलाना ,कृषि अपशिष्ट जलाना और ईटों के भट्टे हैं|

इसके अलावा एक प्रमुख प्राकृतिक कारण -यह भी है कि वाराणसी इंडो-गंगा के मैदान में है, इंडो- गंगा का मैदान जो कि लैंड- लॉक है|

जिस वजह से वाराणसी में प्रदूषण का प्रभाव अधिक नज़र आता है क्योकिं हवाएं उत्तर की ओर जाने से रुक जाती है ,जिससे तथा-कथित कटी- प्रभाव पैदा होता है, यह पूरे क्षेत्र में कम हवाओं के कुंडो का निर्माण करता हैं,और हवाओं को प्रभावित करता है, जिसके परिणामस्वरूप स्थानीय क्षेत्रों में प्रदूषण का स्तर भी बढ जाता है |यही हालात अन्य राज्यों में भी देखे जा सकते हैं|

छत्तीसगढ़ राज्य

रायपुर यह 17 लाख जनसंख्या की आबादी वाला शहर है, यह छत्तीसगढ़ राज्य की राजधानी है और प्रमुख औद्योगिक एवं व्यापारिक क्षेत्र जो कि 226 km2 में फैला हुआ है और यह खारून नदी तट पर बसा हुआ है|

छत्तीसगढ़ का सबसे बड़ा शहर रायपुर है और रायपुर के आस – पास के जिले भी धान की फसल के लिए प्रसिद्ध है|

रापुयर के पूर्व में महानदी एवं उतर – पश्चिम में मैंकाले की सुन्दर पहाड़ियां हैं,उत्तर में छोटा नागपुर का पठार है,यह अपने खनिज भंडारों के लिए विश्व में विख्यात है और इसके दक्षिण में बस्तर का पठार है |

छत्तीसगढ़ राज्य की पहचान जंगल, जनजाति और वहां के प्राकृतिक खनिज भण्डार के रूप में की जाती है|

छत्तीसगढ़ राज्य प्राकृतिक सौदर्य के साथ जनजातिय बाहुल्य राज्य है,यहाँ 42 जनजातियों पाई जाती है, जिसमें गोंड जनजाति सर्वाधिक संख्या में पाई जाती है, इसके अलावा बैगा ,मुरिया, हलवा, मुडिया आदि हैं

यह जनजाति जंगलों पर पूर्णतः निर्भर हैं एवं प्रकृति के विनाश के चलते हाशिये पर आ चुकी हैं तथा प्रदूषण से भी प्रभावित हो चुके और यह छत्तीसगढ़ की राजधानी रायपुर में देखा भी जा सकता है|

रायपुर में प्रदूषण की स्थिति

रायपुर में सामानयतः वायु प्रदूषण में वायु गुणवत्ता का स्तर लगभग 250 ppm रहता है एवं इंडस्ट्रियल वेस्ट की वजह मृदा प्रदूषण में भी अग्रणी है, जिसका कारण छत्तीसगढ़ में लगभग 20 लाख वाहनों का होना है, जिनमें से 10 साल पुराने वाहनों की संख्या बड़ी मात्रा में है, जिसके कारण प्रदूषण की स्तिथि गंभीर है|

यह रायपुर शहर में 50 फीसदी प्रदूषण का कारण है,इसके आलावा रायपुर के आस-पास ईंटों के भट्टो की अधिकता भी वायु में प्रदूषण का एक प्रमुख कारण है|साथ ही साथ रायपुर नए राज्य की राजधानी है, इस कारण वहां निर्माण कायों की अधिकता का होना भी है|

रायपुर के आस-पास एवं रायपुर जिले में कोयले की खदाने और थर्मल पॉवर प्लांट हैं, जिसका प्रभाव रायपुर के जिले में नज़र आता है|

वातावरण में निकिल की सांद्रता अधिक नहीं होनी चाहिए, जो अधिक मात्रा में है,साथ ही मैंगनीज, शीशा, सिलिकॉन ,कोयले राख़ की मात्रा वायु में पाई जाती है, यह गंभीर बीमारियों का कारण है|

यह समस्या भारत के कई अन्य शहरों में भी देखी जा सकती है, यह बहुत गंभीर है जैसे - गाजिआबाद ,बुलन्दशहर, नोइडा, लखनऊ फरीदाबाद ,पटना ,आगरा , एवं अन्य|

भारत में प्रमुख नदियों एवं अन्य मुख्य जल स्त्रोतों की स्थिति

भारत में कई छोटी व् बड़ी नदियाँ हैं, प्रमुखतः दो प्रकार की नदियां भारत में हैं, एक जो हिमायल से निकलती हैं|

दूसरी जो अन्य पठारों व् पर्वतों (विंध्य,सतपुडा,अरावली)से निकलती हैं, यह हिमालय से निकलने वाली नदियों से पुरानी नदियाँ हैं |

कुछ नदीं अरब सागर में जाकर गिरती और कुछ बंगाल की खाडी में गिरती हैं |

अरब सागर में गिरने वाली नदियाँ – नर्मदा , तापी, सिन्धु, साबरमती, माही और पुरना आदि हैं|

बंगाल की खाड़ी में गिरने वाली नदियाँ – ब्रह्मपुत्र ,यमुना, गंगा, मेघना ,महानदी,गोदावरी कृष्णा और कावेरी आदि हैं|

प्रदूषण का स्तर देश की हर नदी में सामान्य मानकों से अधिक है, किन्तु हिमालय से निकलने वाली नदियाँ, यह उत्तर भारत में बहने वाली और बंगाल की खाड़ी में गिरने वाली नदियाँ अधिक प्रदूषित है|

अरब सागर में गिरने वाली नदियों और दक्षिण भारत में बहने वाली नदियों की अपेक्षा,उत्तर भारत में बहने वाली नदियों के|

भारत में सर्वाधिक दूरी तय करने वाली गंगा नदीं है,जो कि अन्य छोटी नदींयों को खुद में समाहित कर लेती है|

भारत की प्रमुख नदी प्रणालियाँ

गंगा की सहायक नदीयाँ -यमुना, गोमती, घाघरा, सोंन, चम्बल, कोशी, गण्डक आदि गंगा में मिलती हैं |

ब्रहमपुत्र – दिवांग,लोहित,पिसता,पदमा आदि |

इंडस नदीं – सतलज, चेनाब, झेलम, रावी, व्यास श्योक, ज़स्कर, गलवान,आदि |

अरावली पर्वत से निकलने वाली नदी बनास, लूनी, सखी, साबरमती आदि हैं |

सतपुड़ा से निकलने वाली नदी नर्मदा,महानदी, ताप्ती,आदि हैं|

विंध्याचल पर्वत से निकलने वाली नदीं कालीसिंध, पार्वती, बेतवा, केन , सोन, परवन और नेवज आदि हैं |

दक्षिण भारत में बहने वाली यह प्रमुख नदी मानी जाती हैं जैसे- गोदावरी,कावेरी, कृष्णा, हुगली, दामोदर, वैतरणी, ब्राह्मणी, महानदी, पेन्नार, पलार, वैगई, पेरिया, भारपूजा आदि हैं |

भारत की प्रमुख झीलें

चिल्का झील (उड़ीसा), लोकटक, वुलर, हरिके, सांभर, कजली, कोलेरो, दीपोर, लोनार आदि हैं|

भू –जल की स्थिति

भू –जल धरती की सतह के नीचे मौजूद जल को भू-जल कहते हैं, यह मीठे पानी का स्त्रोत है, मानव के लिए पेय जल एवं खेतों की सिचांई के प्रयोग में लाया जाता है|

भारत भू-जल के प्रयोग में प्रथम स्थान पर है 60% से भी अधिक कृषि सिचांई के प्रयोग में लाया जाता है और 85% पेय -जल की पूर्ति करता है|

भारत में बढती जनसंख्या के कारण भू-जल की उपयोगिता के चलते अत्यधित दोहन किया जा रहा है|

भू-जल को निकालने के लिए बोरिंग और नई – नई तकनीकों का प्रयोग किया जा रहा है| जिससे भू -जल स्तर लगातार नीचे जा रहा है, एक समय आयेगा जब यह खत्म होने की कगार पर होगा और 85 % जो हम पानी घरेलू व अन्य आवश्यक कार्य के प्रयोग में लिया जाता है , वह समाप्त हो जायेगा तथा जल खेतों में प्रयोग के लिए भी उपलब्ध कराना मुश्किल हो जायेगा |

क्योंकि जलवायु परिवर्तन से वर्षा प्रभावित हो रही है एवं मानव द्वारा निर्मित कांक्रिट के जंगल खड़े कर दिए जा रहे हैं, जिससे पानी भू – गर्व तक नहीं जा पाता है, इसी वजह से हमें जल स्तर को लेकर समस्या लगातार देखने को मिल रही है|

नर्मदा नदीं –

यह भारत की 5वी सबसे बड़ी नदीं है यह पश्चिम दिशा में बहने वाली नदी है, यह सर्वाधिक दूरी मध्य- प्रदेश में तय करती हैं, इसका कुछ हिस्सा महाराष्ट्र ,छत्तीसगढ़ और गुजराज में पड़ता है|

नर्मदा नदी पर बसे प्रमुख शहर- होशंगाबाद, बुदनी, जबलपुर, डिंडोरी, ओमकालेश्वर ,महेश्वर ,राजपिपला, और बडौदा आदि |

इसकी लम्बाई 1312 किमी. है इसमें मिलने वाली प्रमुख नदींयों – शक्कर, तवा, हिरन, वर्ना और कोलार आदि हैं |

यह नदी खम्बात की खाड़ी में जाकर गिरती है, जिसके आस-पास कई प्रमुख जंगल पड़ते हैं|यह हिमालय पर्वत श्रृखंला से भी पुरातन श्रृखंला,सतपुडा श्रृंखला से निकलती है|

नर्मदा में प्रदूषण की स्थिति

नर्मदा में प्रदूषण का कारण घरेलू कचड़ा, मानव-मल और धार्मिक गतिविधियों का बढ़ना है|

नर्मदा में अपेक्षाकृत गंगा, यमुना एवं अन्य कुछ नदियों से प्रदूषण का स्तर कम है|

जहाँ गंगा और यमुना में BOD अधिक गंभीर है और कोलिफोर्म का स्तर भी 14000 से 15000 रहता है|

वही सामान्यतः नर्मदा नदी में उसका स्तर 200 से 300 BOD के आस- पास रहता है, होशंगाबाद शहर में पड़ने वाला औद्योगिक क्षेत्र नर्मदा नदीं को प्रदूषित करने में प्रमुख कारक है|

किन्तु वर्तमान समय में गंगा की अपेक्षा कम प्रदूषित है,यह समय के साथ नर्मदा में भी बढ़ते देखा जा रहा है|

चम्बल नदी

चम्बल नदीं मध्य प्रदेश, उत्तर प्रदेश और राजस्थान से हो कर गुजरती है, यह मऊ जनाप्पा हिल्स विन्धियाचल पर्वत से निकल कर मध्य प्रदेश और उत्तर प्रदेश से होते हुए जालोन के पास इटावा में जाकर, यमुना नदीं में मिल जाती है|

यह नदी 1024 किमी का रास्ता तय करती है|

चम्बल में मिलने वाली प्रमुख नदियाँ बनास, मेज, पार्वती, काली सिंध और क्षिप्रा आदि है |

चम्बल अपेक्षाकृत नर्मदा नदी से भी कम प्रदूषित है, जिसका कारण नदी के किनारे कम जनसंख्या वाले शहरों की बसाहट है|

चम्बल नदीं में पाए जाने वाली प्रमुख जलीय प्रजातियाँ

1.मगर मच्छ

2.घड़ियाल

3.शुद्ध जल में पाए जाने वाले कछुओं की आठ प्रजातियाँ|

4. गंगा डॉलफिन यह गंगा नदी में पाई जाती थी, उन्हें चम्बल नदीं में नमामि गंगे योजना के अन्तर्गत चम्बल में रखा गया है क्योकिं चम्बल की स्तिथि गंगा के अपेक्षा ठीक है|

बीहड़ (बैडलैंड)

चम्बल की घाटी की एक प्रमुख विशेषता हैं जिसमें लहरदार बाड के मैदान, नालियाँ और घाटियाँ हैं| ऊर्ध्वाधर नालियां एक प्रकार की फ़्लूवियल अपरदन और अर्द्ध-शुष्क और शुष्क क्षेत्रों में बहने वाली नदियों द्वारा ऊर्ध्वाधर क्षरण के परिणाम स्वरुप बनती है, यह चम्बल की घाटी में देखने को मिलती है, यह अद्भुत दृश्य बनाती है यह चम्बल की घटी में प्राकृतिक सौन्दर्य का नमूना है|

चम्बल नदी पर प्रमुख बांध –

गाँधी सागर बांध (मंदसौर)

जवाहर सागर बांध (रावतभाटा)

राणाप्रताप सागर बांध (चित्तौर)

कोटा बरेज(कोटा)

चम्बल नदीं पर राष्ट्रीय अभ्यारण्य

1.राष्ट्रीय चम्बल अभ्यारण्य

यह प्रमुख तौर पर घड़ियाल संरक्षण के लिए बनाया गया है घडियालों की विलुप्ति को बचाने के लिए 1979 ई. में भारत सरकार ने इसको संरक्षण क्षेत्र बनाया, यह वर्तमान में घड़ियाल संरक्षण के लिए जाना जाता है साथ ही यहाँ अन्य कुछ प्रमुख जलीयजीव पाए जाते हैं| इसमें प्रमुख रेड क्राउनरूफ कछुआ है|

रामसागर वाइल्ड लाइफ सेंचुरी -

रामसागर वाइल्ड लाइफ सेंचुरी धौलपुर में स्थिति है,इसे राजस्थान सरकार ने 1955 वाइल्ड लाइफ सेंचुरी घोषित किया, यह खूबसूरत रामसागर झील के लिए प्रसिद्ध है|

जहाँ शुध्द जल में पाए जाने वाले मगरमच्छ, मछलियां और सांप पाए जाते हैं|

इसके अलावा यह विदेशी पक्षियों और क्षेत्रिय पक्षियों का घर है जैसे – सैंड पाइपर, कोर्मोरेंट्स, मार्श हेन, वाइट ब्रेस्टेड वाटर हेंस एंड ग्रेन एंड पर्पल हिरोंस आदि पाए जाते|

चम्बल की खूबसूरती के विषय में चर्चा करने का उदेश्य है कि, हम यह बता सके की जहाँ प्रदूषण कम होता है, वहां ज़िन्दगी खूबसूरत होती है और इसलिए आवश्कता है की खूबसूरती या कहें की प्रकृति को बचाना है, तो नदियों को प्रदूषण रहित बनाने की जरुरत है|

भविष्य के कई प्रोजेक्ट चम्बल पर ही आधारित हैं वह मुख्यतः शहरों में पेय-जल की आपूर्ति के लिए प्रयोग में आते हैं, देखा जाये तो करौली ,भरतपुर, और धोलपुर जैसे शहरों में कुछ अभी भी चलाये जा रहे हैं|

कुछ अन्य शहारों में भी चम्बल द्वारा जल आपूर्ति के लिए प्रोजेक्ट में सरकार कार्यरत है,किन्तु डर यह भी है कि कहीं अन्य नदीं जो बड़े शहरों व कारखानों से दूर रह कर कुछ हद तक बच गई तो उन्हें हम दूषित न कर दे हमें नदी अथवा अन्य जल के स्त्रोत बाचाने होगें |

कावेरी नदी –

कावेरी नदी पश्चिमी घाट के कला कावेरी स्थान से निकलती है, यह कर्नाटक और तमिलनाडू में बहती है और बंगाल की खाड़ी में जाकर गिरती है, यह नदीं 805 किलोमीटर की दूरी तय करती है|

कावेरी नदी में समाहित होने वाली नदियाँ निम्न हैं -

हरांगी, हेमावती ,संगसा, अरकावती, लक्ष्मणातीथा कविनी, भवानी , नोय्यल, अमरावती, मोयार आदि हैं |

यह नदी कर्नाटक एवं तमिलनाडु में जल सिचांई का प्रमुख स्त्रोत है तथा जल द्वारा विद्युत निर्माण का कार्य भी इसी नदीं के माध्यम से किया जाता है और मुख्यरूप से बंगलूरु को जल आपूर्ति के लिए यह नदी एक प्रमुख भूमिका निभाती है इस नदीं द्वारा 540 मिलियन लीटर पानी प्रतिदिन बंगलूरु को भेजा जाता है|

कावेरी नदी में प्रदूषण और कारण

IIT मद्रास के शोधकर्ताओं ने पाया की कावेरी नदीं का पानी कई तरह के प्रदूषक पदार्थों से प्रदूषित है,फार्मास्यूटिकल कंपनीयों से निकलने वाले योंगिक प्लास्टिक,मानव मल ,भारी धातु और कीटनाशक,साथ ही विशेष रूप से पर्यावरण मूल्यांकन से पता चला है कि फार्मास्यूटिकल संदूषक नदीं प्रणाली के जलीय जीवों के लिए उच्च जोखिम पैदा करते हैं|

यह दवा योंगिक जब जलीय निकायों में भी थोड़ी मात्रा में छोड़े जाते हैं, तो लम्बे समय में मानव तथा पूर्ण पारिस्थितिकीतंत्र को नुकसान पहुँचाते हैं|

एक शोद्धकर्ता ने उभरते हुए प्रदूषिक पदार्थों की मौसमीय भिन्नता का आकलन करने के लिए 2 साल तक नदीं के पानी की गुणवत्ता की निगरानी की, जिसमें विशेष रूप से फार्मास्यूटिकल से निकलने वाले योंगिक और प्रदूषित पदार्थ की मात्रा का निर्धारण किया गया जिसमें आर्सेनिक जस्ता, क्रोमियम, सीसा और निकिल जैसे धातुयें भी पाई गई |

फार्मास्यूटिकल संदूषकों में इबुप्रोफेन डाइक्लोफेनाक और एंटी इन्फिलेट्री आदि दवाएं हैं, यह जल प्रदूषण का प्रमुख कारण है|

गोदावरी नदीं

गोदावरी नदीं का उदगम स्थल त्रयम्बकेश्वर नासिक महाराष्ट्र है,यह पूर्व की ओर 1465 किलोमीटर रास्ता तय करते हुए महाराष्ट्र, तेलंगाना, आंधप्रदेश, छत्तीसगढ़ और उड़ीसा होते हुए बंगाल की खाड़ी में जाकर गिरती है|

गोदावरी भारत के 10% भौगोलिक क्षेत्र में फैली हुई है, यह गणतंत्र आयरलैंड और यूनाइटेड किंडम के क्षेत्र को सयुक्त रूप से मिलाने के बराबर है| इसका लगभग 48% हिस्सा महराष्ट्र में है|

गोदावरी नदी में मिलने वाली प्रमुख नदियाँ बेनगंगा,कड़वा, सिवाना ,पूर्णा,कदम, प्रणाहिता, इन्द्रावती, सबरी, नासर्दी, पर्वराना, सिंधफाना, मंजीरों आदि हैं|

गोदावरी नदी बेसिन कई वन्यजीवों, पक्षियों और जलीय जीवों की रहवास स्थल हैं -

जैसें -1.ओलिव रिडले सी टर्टल और लेबियो फिम्ब्रियाटस आदि|

यहाँ कई मुख्य वन्यजीव संरक्षण क्षेत्र हैं

गोदावरी नदी बेसिन में पाए जाने वाले वन्यजीव संरक्षण क्षेत्र-

1.कोरिंगा वन्यजीव अभ्यारण्य

2. जैअकवादी पक्षी अभ्यारण्य

3. बोर वन्यजीव अभ्यारण्य

4.र्नाद्रवती राष्ट्रिय अभ्यारण्य

5. ताडोबा अन्दधारी बाघ

यह प्रमुख है तथा ऐसे ही कई और अभ्यारण्य है ,जो इस नदीं पर निर्भर करते हैं|

गोदावरी नदीं में 82% प्रदूषण का कारण घरेलू कचड़ा एवं पोलीथिन है| बाकि 18% औद्योगिक क्षेत्रों से होता है, जिसका कारण नदीं के किनारे बसे शहर नासिक, औरंगाबाद, नागपुर निज़ामाबाद और राजमुन्द्री आदि हैं |

यमुना नदीं

यमुना नदीं, गंगा नदी की ही एक साहयक नदीं है| जिसका उदगम स्थल यमनोत्री ग्लेशियर है और यह प्रयागराज में जा कर गंगा में विलीन हो जाती है|

यह उत्तराखंड से हरियाणा, उत्तर प्रदेश, दिल्ली और हिमाचल प्रदेश से हो कर गुज़रती है| यमुना नदी के किनारे बसे प्रमुख शहर दिल्ली, नॉएडा, माथुरा, आगरा, फिरोजाबाद, औरैया, इटावा और प्रयागराज आदि हैं |

57 मिलियन लोगों की निर्भरता यमुना नदीं पर है साथ ही दिल्ली शहर को 70% जल आपूर्ति भी यमुना नदीं से होती है|

यमुना नदी की प्रमुख सहायक नदियाँ-

हिंडन, सासोल, ससोर, खदेरी, चम्बल, बेतवा, सिंध और केन आदि हैं|

यमुना नदीं कुल 1376 किमी की दूरी का सफ़र तय करती है| जिसमें 375 कि.मी का सफ़र यमुनोत्री से ओखला बरेज तक जल की गुणवत्ता अपेक्षाकृत बेहतर है|

किन्तु उसके बाद ओखला बरेज से 22 किमी का क्षेत्र यह दिल्ली से होकर गुज़रता है,यमुना की कुल लम्बाई का लगभग 2% भाग है, किन्तु यमुना नदीं का 80% प्रदूषण का कारण है| जिसमें लगभग 35 सीवेज यमुना नदीं में डाले जाते हैं|

जिसके चलते, यहाँ BOD का स्तर 14 से 28 mg/l होता है एवं कॉलिफोर्म की मात्रा सामन्य मनकों से कई 100 गुना अधिक होता है|

केंद्रीय जलशक्ति मंत्रालय को सौपी रिपोर्ट के अनुसार- दिल्ली शहर में यमुना से मल कॉलिफोर्म के नमूनों में स्तर 33,0000 mpn/100 ml पाई गई |

यह सामान्यतः पीने के लिए mpn 50/100ml होती है एवं नहाने के लिए mpn 500/100ml से अधिक असुरक्षित मानी जाती है|

यह ज़हर से भी अधिक खतरनाक हो चुकी है, इसे बचाने के और अधिक प्रयास किये जाने चाहिए ।

यमुना बचाओ जीवन बचाओ, नदियाँ बचाओ ....

गंगा नदीं

गंगा नदीं का उदगम पश्चिमी हिमालय उत्तराखण्ड में है| गंगा 2525 कि.मी का सफ़र तक करती है, यह उत्तराखण्ड, उत्तरप्रदेश बिहार, झारखण्ड और पश्चिम बंगाल राज्यों से होते हुए बंगाल खाडी में जाकर गिरती है,साथ ही डेल्टा बनाती है|

यह प्रकृति में बहुत अद्भुत नमूना है ,जिसे डाइवर्सिटी का हॉट स्पॉट माना जाता है एवं मैन्ग्रोव के जंगल भी इसी क्षेत्र में देखने को मिलते हैं|

गंगा नदी की प्रमुख सहायक नदियाँ निम्न हैं- राम-गंगा, गोमती, घगरा, गंडक, कोशी, मंदा, यमुना, तमसा, करमनासा, सोने, पुनपुन, फालगु, चन्दन,दामोदर आदि हैं|

गंगा नदीं के किनारे बसे प्रमुख शहर –

ऋषिकेश, हरिद्वार, फतेहगढ़, बिजनौर, कन्नौज, बिठूर, कानपुर, प्रयागराज, मिर्ज़ापुर, वाराणसी, बलिया, गाजीपुर, फर्रुखाबाद, नरोरा, भागलपुर, पटना, हाजीपुर, मूगेर ,साहेबगंज मुर्सिदाबाद, प्लासी,शांतिपुर,कोलकाता,हल्दियाँ आदि हैं|

गंगा में प्रदूषण होने का कारण इन शहरों से निकलने वाले कारखानों और घरेलू अपशिष्टों है |

गंगा नदीं में 140 मछलियों की प्रजातियों, 90 उभयचर और अन्य जीवों का घर है| यह प्रजातियां गंगा में प्रदूषण के कारण संकट में हैं, साथ ही गंगा नदीं पर निर्भर आबादी प्रदूषण के कारण सीधे तौर पर प्रभावित हो रही है|

जिससे गंगा के किनारे बसने वाली आबादी में स्वास्थ्य सम्बंधित खतरों को भी देखा जा सकता है|

अंतर्राष्ट्रीय पर्यावरण कानून और नियंत्रण संस्थायें

1960 ई. के बाद विकसित देशों में पर्यावरण को लेकर चेतना जाग्रति देखने को मिलने लगी और इसी समय सयुक्त राज्य अमेरिका की सरकार ने राष्ट्रीय स्तर पर कई पर्यावरण कानून पास किये, जिसके द्वारा अपशिष्ट पदार्थ के जमाव से जल एवं वायु प्रदूषण और संकट ग्रस्त प्रजातियों के संरक्षण के लिए निकाय की स्थापना की गई|

पर्यावरण कानून को लेकर 1967 में, विश्व में पहली बार जापान ने पर्यावरण प्रदूषण को रोकने के लिए पहली बार सामान्य कानून बनाया गया |

इसके बाद इटली के रोम में 1968 ई. में क्लब ऑफ़ रोम के नाम से एक संगठन बना|यह विकास के साथ पर्यावरण की सुरक्षा पर भी जोर दिये जाने के समर्थन में था|

जिसे वर्तमान अवधारणा में सतत विकास शब्द को जन्म दिया, इस संगठन ने वैश्विक स्तर पर पर्यावरण चेतना को लेकर हर देश का ध्यान पर्यावरण की तरफ खींचा| इसी के चलते 1972 में सम्मेलन सम्भव हुआ |

1972 में स्टॉकहोम सम्मेलन हुआ जिसमें U.N.E.P का गठन हुआ|

UNEP एक सयुक्त राष्ट्र पर्यावरण का संगठन है, यह पर्यावरण को लेकर मज़बूत अंतराष्ट्रीय संगठन बना जो पिछले 50 वर्षों से पर्यावरण के लिए अभी तक कार्यरत है|

1971 में ईरान के रामसर में आद्रभूमि संरक्षण को लेकर अंतर्राष्ट्रीय सम्मेलन हुआ, यह अन्तरराष्ट्रीय स्तर पर पर्यावरणीय सुरक्षा को लेकर बडा प्रयास माना जा सकता है|

सयुक्त राज्य पर्यावरण कार्यक्रम 1972 को शुरू किये गये प्रयास के कई सकारात्मक परिणाम हुए , वर्तमान में UNEP में विश्वभर के 193 देश इसके समर्थक एवं सदस्य हैं |

जिसे इस संगठन की सफलता के तौर पर देखा जा सकता है, इसी संगठन के परिणामस्वरूप ही सभी विकसित एवं विकासशील देशों में पर्यावरण और पर्यावरण कानूनों के प्रति जागृति पैदा की,जिसके चलते हर देश ने नियंत्रण बोर्ड बनाये साथ ही संविधान परिवर्तन भी देखने को मिले|

जिसका एक उदाहरण भारत भी है जिसने 1976 में राज्य के नीति-निर्देशक तत्व और मूल कर्तव्यों में पर्यावरण को जगह दी |

सयुक्त राष्ट्र कार्यक्रम के पूर्ववर्ती प्रमुख संस्थान

UNEP से पहले की बात करें तो मुख्यातः दो संस्थानों का नाम सामने आता है, जो वैश्विक स्तर पर पर्यावरण को लेकर कार्यरत थे किन्तु इनकी व्यापकता UNEP से कम थी,क्योंकि unep ने विश्व के अधिकतर राष्ट्रों के साथ – साथ आज आम जनमानस को पर्यावरण के प्रति जागृति के लिए व्यापकता के साथ कार्य किया है|

यह कार्य पूर्व संस्थान नहीं कर पाए, जिसमें वैश्वक स्तर पर दो संस्थानों का नाम मिलता है |

1.प्रकृति और प्राकृतिक संरक्षण के लिए अंतराष्ट्रीय संघ (IUCN)

2.वर्ल्ड वाइड फण्ड फॉर नेचर (W.W.F)

1.प्रकृति और प्राकृतिक संरक्षण के लिए अंतरराष्ट्रीय संघ (IUCN)

IUCN प्राकृतिक सरंक्षण और प्राकृतिक संसाधनों के डेटा एकत्र करने, अनुसंधान और उनके प्रति जागरूकता पैदा करना है तथा इस बात का ध्यान रखना की प्राकृतिक संसाधनों का उपयोग न्यायसंगत और पारिस्थितिकी रूप से टिकाऊ हो|

IUCN की स्थापना 5 अक्टूबर 1948 फ्रांस में हुई, जिसका वर्तमान मुख्यालय ग्लैंड में है, यह स्विट्जरलैंड का एक शहर है|

इसका प्रमुख कार्य है संकट ग्रस्त प्रजातियों की सूची तैयार करना, जिसे IUCN (रेड लिस्ट ऑफ़ थ्रेटन स्पिसेस)विलुप्त प्रायः प्रजातियों की लाल सूची के नाम से जारी करता है|

जिसमें उन वन्य जीवों और विलुप्ति की कगार पर आ चुकी प्रजातियों को रखता हैं |

IUCN की शक्तियां

IUCN को सयुक्त राष्ट्र में पर्वेक्षक और सलाहकार का दर्जा प्राप्त हैं|

साथ ही अंतराष्ट्रीय सम्मेलनों में जो प्राकृतिक संरक्षण और जैव विविधता पर, उसके क्रियान्वयन में भूमिका निभाता है|

IUCN में 1400 से अधिक सरकारी और गैर सरकारी संगठनों की सदस्यता है, साथ ही लगभग 16,000 वैज्ञानिक स्वैच्छिक आधार पर ICUN के कार्य में भाग लेते हैं|

वर्ल्ड वाइड फण्ड फॉर नेचर (WWF)

यह गैर- सरकारी संस्था है, जिसकी स्थापना 19 अप्रैल 1961 में हुई ,जिसका मुख्यालय ग्लैंड स्विट्जलैंड में है, जिसके वर्तमान प्रेसिडेंट पवन सुखदेव है|

WWF दुनियां का सबसे बड़ा सरंक्षक संगठन है ,जिसके दुनियांभर में 50 सहयोगी है और 100 से अधिक देशों में कार्यरत है और लगभग 3000 सरंक्षण और पर्यावरण परियोजनाओं में कार्यरत हैं|

WWF का उद्देश्य -"गृह के प्राकृतिक पर्यावरण के क्षरण को रोकना और एक ऐसे भविष्य का निर्माण करना है जिसमें मनुष्य के प्रकृति से साथ समन्वय बैठा सके"

WWF द्वारा किये गए महत्पूर्ण कार्य-

1998 के बाद से WWF हर 2 वर्ष में लिविंग प्लेनेट के नाम से रिपोर्ट प्रकाशित करता हैं |

यह जीवित ग्रह सूचकांक और पारिस्थितिक पदचिन्ह की गणना करता है|

अर्थआवर और डेट फॉर नेचर जैसे विश्वव्यापी अभियान, इसके द्वारा शुरु किये गए है |

भोजन, जलवायु, मीठे पानी, वन्यजीवन,जंगल, और महासागर के आस-पास को लेकर उनकी बेहतरी के लिए काम कर रहा है|

संयुक्त राष्ट्र पर्यावरण कार्यक्रम(unep)

UNEP की स्थापना 5 जून 1972 को स्टोकहोम में, मानव पर्यावरण पर संयुक्त राष्ट्र सम्मेलन के बाद हुई|

जिसमें प्रमुख भूमिका निभाने वाले मौरिस स्ट्रोंग पहले निर्देशक बने, unep का वर्तमान मुख्यालय केनिया की राजधानी नैरोबी में है|

वर्तमान परिदृश्य में unep विश्व स्तर पर पर्यावरण सरंक्षण में कई कार्यक्रम चला रहा है और कई सरकारी एवं गैर-सरकारी संस्थाओं के साथ काम कर रहा है|

1988 में unep ने विश्व मौसम विज्ञान के साथ मिल कर, जलवायु परिवर्तन पर अंतर सरकारी पैनल (ipcc) का गठन किया | जिसका मुख्य कार्य आकंलन रिपोर्ट तैयार करना है|

यह पृथ्वी की जलवायु का सबसे व्यापक मूल्यांकन करने का काम करता है और व्यापक रिपोर्ट पब्लिक करता है, ipcc का मुख्यालय जेनेवा में है|

IPCC ही यह संस्था है जिसने निष्कर्ष निकला अगर वर्तमान गति से वैश्विक तापमान बढता रहा,तो संभवतः 2100 ई. तक औसत वैश्विक तापमान में 6*C से अधिक की वृद्धि होगी जिसके चलते वैश्विक जलवायु एवं पर्यावरणीय स्थिति में परिवर्तन होने का अनुमान है|

जैसें – तूफान, बाढ, सूखा, हिमखंड का पिघलना आदि हैं, यह वर्तमान परिदृश्य में देखे तो सत्य ही नज़र आता है|

ब्रंटलैंड आयोग

ब्रंटलैंड आयोग पूर्व में पर्यावरण विकास पर विश्व आयोग संयुक्त राष्ट्र का संगठन था, जिसका उद्देश्य सतत विकास की खोज में जुटे देशों को एक जुट करना था, जिसकी स्थापना 1983 ई. में हुई|

इस आयोग के अध्यक्ष के रूप में नॉर्वे की पूर्व प्रधानमंत्री ग्रो हार्लेम ब्रंटलैंड को नियुक्त किया गया |

जिसने अपनी रिपोट 1987 में आवर कॉमन फ्यूचर(हमारा साँझा भविष्य) नाम से प्रकाशित की जिसे ब्रंटलैंड रिपोर्ट के नाम से भी जाना जाता है,इसका दूसरा नाम पर्यावरण और विकास पर विश्व आयोग(WECD) है|

ब्रंटलैंड रिपोर्ट का लक्ष्य एक सतत् विकास पथ की तलाश में बहुपक्षवाद और राष्ट्रों के बीच आपसी समन्वय से पर्यावरण बेहतर बनाना और साथ ही पर्यावरण मुद्दों को राजनैतिक एजेन्डे पर मजबूती से रखा ब्रंटलैंड रिपोर्ट 900 दिवसीय अंतरराष्ट्रीय अभ्यास की परिणिति से निर्मित हुई |

जिसमें कई वरिष्ठ सरकारी अधिकारी,वैज्ञानिकों और विशेषज्ञों, अनुसन्धान संस्थानों,उद्योगपतियों, गैर सरकारी संगठनों के प्रतिनिधियों के 900 दिनों के चिंतन से निर्मित हुई|

इसी आयोग ने सतत विकास को परिभाषित किया,"सतत विकास जो भविष्य की पीढियों की अपनी ज़रुरतों को पूरा करने

की क्षमता से समझौता किये बिना वर्तमान की ज़रूरतों को पूरा करना है, उसे सतत विकास कहते हैं|

ब्रंटलैंड रिपोर्ट के महत्पूर्ण बिंदू

1.आयोग ने जनसंख्या, खाद्य- सुरक्षा और प्रजातियों के नुकसान के क्षेत्र पर अपना ध्यान केन्द्रित किया|

2. प्राकृतिक संसाधन, ऊर्जा, उद्योग और मानव बस्तियों को माना कि यह एक दूसरे पर निर्भर है और एक- दूसरे को प्रभावित भी करते हैं|

3.गरीबी में कमी, लिंग समानता और धनपुनर्वितरण के रूप में मानव संसाधन, पर्यावरण विकास संरक्षण के लिए महत्वपूर्ण है और यह भी स्वीकार्य किया कि औद्योगिक समाजों में आर्थिक विकास के लिए पर्यावरण सीमाएं तय होनी चाहिए है|

4.साथ ही रिपोर्ट में दाबा किया है कि गरीबी स्थिरता को कम करती है और पर्यावरण पर दवाबों को तेज़ करती है, साथ ही अर्थव्यवस्था और पारिस्थितिकी के बीच असंतुलन पैदा करती है|

यह रिपोर्ट 1992 में पृथ्वी शिखर सम्मेलन के आयोजन की पृष्ठभूमि तैयार करती है|

अंतर्राष्ट्रीय सम्मेलन सूची

हेलसिंकी सम्मेलन

यह सम्मेलन दो चरणों में हुआ है जो क्रमशः 1974 और 1992 जिसका मुख्या उद्देश्य समुद्रीय पर्यावरण की रक्षा हेतु था,यह हेलसिंकी सम्मेलन फिनलैंड में आयोजित किया गया|

लन्दन सम्मेलन (1972-75)

यह सम्मेलन समुद्रीय प्रदूषण तथा अपशिष्ट और अन्य पदार्थ निदान निरोधक सम्मेलन था| जिसके तहत समुद्र में कचड़ा रोकथाम के लिए कई देशों की सहभागिता पर संधि हुई |

1972 में सहयोगी देशों के सम्मेलन में मुद्दे तय किये और 1975 में सभी सहयोगी देशों की सर्वसम्मति से यह लागू हो गई|

वियना सम्मेलन

1985 में ओजोन परत को क्षति पहुँचाने वाले पदार्थों से बचाने को या ओजोन परत क्षरण से बचाना मुख्य उद्देश्य था|

पृथ्वी वायुमण्डलीय आवरण से घिरा है और इस वायुमण्डल में पृथ्वी की सतह से 15-50 किमी की ऊंचाई पर समताप मण्डल में एक मोटी जीवन रक्षक परत पाई जाती है, यह सूर्य से आने वाली पराबैंगनी विकिरण का अवशोषण करती है,यह 90% तक अवशोषण कर लेती हैं|

यह पराबैगनी किरण मानव स्वास्थ्य के लिए एवं पर्यावरण के लिए अत्यंत घातक है, जिससे ओजोन परत बचाती है|

मगर ओजोन का क्षरण हो रहा है| ओजोन के क्षरण का कारण मानव प्रयोग में लाने वाले संसाधन है|

जैसे –फ्रिज ,ए.सी आदि से निकलने वाली गैसें –क्लोरीन,cfc,hfc ,मिथल क्लोरोफार्म व मिथाइल ब्रोमाइट आदि |

वैज्ञानिकों का मानना है, एक क्लोरिन का अणु एक लाख ओज़ोन आणुओं को तोड़ देता है|

ओज़ोन परत में छेद को सर्वप्रथम फोरमेन द्वारा 1973 ई. में अंटार्कटिका में देखा गया था |

वियना सम्मेलन भी ओजोन परत की समस्या से रोकथाम के लिए किया गया था |इसी की तर्ज़ पर अन्तरराष्ट्रीय स्तर पर इस समस्या को गंभीरता से लिया और कई सम्मेलन ओज़ोन परत को लेकर किये गए|

जिसमें प्रमुख मोंट्रियल प्रोटोकॉल है,जिसे कनाडा के मोंट्रियल शहर में 1987 ई. में आयोजित किया गया|

इसके बाद -लन्दन 1990, नैरोबी 1991, कोपहेगन 1992, बोंग्कोक 1993 ,वियना 1995, मोंट्रियल 1997 , ऑस्ट्रेलिया1998, बीजिंग 1999 और किगली 2016 आदि हुए |

इससे यह मालूम होता है कि वैश्विक स्तर पर इसे गम्भीरता से लिया गया, जिसके परिणाम स्वरुप वैज्ञानिकों का अनुमान है, अंटार्कटिका ओज़ोन छिद्र 2050 तक पुनः पूर्व स्थिति में आ जायेगा |

वैश्विक स्तर पर सभी राष्ट्र मिलकर गंभीरता से प्रयास करें तो,ओज़ोन परत की तरह अन्य पर्यावरण समस्याओं से भी निज़ात पा सकते हैं|

विश्व पृथ्वी सम्मेलन 1992

विश्व पृथ्वी सम्मेलन में पर्यावरण और विकास पर सयुक्त राष्ट्र सम्मेलन जिसे अन्य नाम जैसे-रिओ डी पृथ्वी शिखर और पृथ्वी शिखर सम्मेलन के रूप में भी जाना है|

जिसका आयोजन ब्राज़ील की राजधानी रिओ में हुआ जिसमें प्रमुख मुद्दा जलवायु परिवर्तन को लेकर था|

इस सम्मेलन में 21वी सदी के लिए पर्यावरणीय विकास हेतु कार्यक्रम निर्धारित किये गये थे, जिसे अजेंडा 21 नाम दिया गया|

इस सम्मेलन में 178 देशों के 30 हज़ार से अधिक प्रतिनिधियों ने भाग लिया, साथ ही गरीबों एवं अमीरों के बीच पर्यावरणीय समस्या पर चर्चा का आरंभ माना जाता है और तय हुआ की राष्ट्रीय हितों से ऊपर उठकर समस्त विश्व की समस्या के बारे में सोचें व पृथ्वी के पर्यावरण के संरक्षण के लिए कदम उठाए |

पृथ्वी सम्मेलन में महत्वपूर्ण कानूनी रूप से बाध्यकारी समझौते यह निम्न है -

जलवायु परिवर्तन पर फ्रेमवर्क कन्वेंशन (unfccc) मरुस्थलीयकरण सम्मेलन (UNCCD) जैव विविधता पर समझौता (CBD) यह सभी 1992 में हुए पृथ्वी सम्मेलन की कोख़ से निकले हैं|

इसी श्रृंखला में आगे हुए सम्मेलन प्रमुख है

कार्टागेना प्रोटोकॉल 2000 में पादप प्लांट सरंक्षण के लिए , वैश्विक रणनीति अनुवांशिकी संसाधनों पर नागोया प्रोटोकॉल, जैव विविधता पर आइची (2011-2020) अभी जैव विविधता से सम्बंधित सम्मेलन है,यह दो हिस्से में होना है|

जिसमें से पहला हिस्सा वर्चुअल फार्मेट में 11 से 15 अक्टूबर 2021 को संपन्न हुआ |दूसरा हिस्सा कुनमिंग शहर चीन में 25 अप्रैल 2022 में होने का प्रस्तावित है |

जलवायु परिवर्तन पर फ्रेम वर्क कन्वेंशन(unfccc) -

1992 में हुई रिओ सम्मेलन के बाद निकली एक संस्था है, यह 21 मार्च 1994 के बाद से प्रभाव में आई |

वर्तमान समय में इसके 197 सहयोगी राष्ट्र है जिसका मुख्यालय न्यू –यॉर्क (U.S) में है|

इसके सम्मेलनों को कांफ्रेंस ऑफ़ पार्टी (कोप) के नाम से जाना जाता है,यह जलवायु परिवर्तन से निपटने के लिए उसकी प्रगति के आंकलन के लिए सालाना बैठक करते हैं|

मरुस्थलीयकरण सम्मेलन (UNCCD)

गंभीर सूखें और मरुस्थलीयकरण का मुकाबला करने वाले देशों में मरुस्थलीयकरण का मुकाबला करने के लिए सयुक्त राष्ट्र सम्मेलन हुआ |

जिसका उद्देश्य विशेष रूप से अफ्रीका में मरुस्थलीयकरण का मुकाबला करने और राष्ट्रीय कार्यवाही कार्यक्रमों के माध्यम से सूखें के प्रभावों को कम करना था |

यह 26 दिसम्बर 1996 से लागू है, साथ ही अंतराष्ट्रीय स्तर पर क़ानूनी रूप से बाध्यकारी है और 197 देश इसके सहयोगी और सदस्य है

जिसका मुख्यालय पेरिस(फ्रांस) और यु.एस.ए में है |वर्ष 2006 को रेगिस्तान और मरुस्थलीय वर्ष के रूप में मनाया गया |

मरुस्थलीयकरण सम्मेलन की हालिया मुलाकात को कोप-14 के नाम से किया गया | यह 2 से 13 सितम्बर के बीच 2019 को भारत के नई दिल्ली में हुईं |

17 जून को विश्व मरुस्थलीकरण और सूखे से मुकाबला तथा जागरूकता लाने के लिए मरुस्थलीकरण दिवस के रूप में मानया जाता है|

क्योटो प्रोटोकॉल-

क्योटो प्रोटोकॉल 1997 जापान के क्योटो शहर में हुआ, यह 16 फरवरी 2005 से प्रभाव में आया |

इसमें ग्रीन हाउस गैसों के उत्सर्जन में कटौती के मुद्दे पर वैधानिक सीमा तय की गई, इस सम्मेलन में विकसित तथा विकासशील देशों की कार्ययोजना, समय अवधि और ग्लोबल वार्मिंग को रोकने के लिए कदम उठाये गए |

खर्च की आपूर्ति के मुद्दे पर विवाद बना रहा उसके बाद इसी की श्रृंखला में 2007 में इंडोनेशिया के बाली में कोप की बैठक हुई|

यह भी पूर्ण रूप से प्रभावी साबित नहीं हुई, उसके बाद 2009 में कार्बन कटौती पर बाध्यकारी समझौता पर चर्चा हुई |

यह कोपनहेगन शहर में हुईं, यह डेनमार्क देश की राजधानी है किन्तु यह पूर्णतः सफल नहीं हुई |

अभी कोप- 26 की बैठक जलवायु परिवर्तन पर हुई, उसमें मुख्य मुद्दा कार्बन उत्सर्जन कटौती रहा, यह ग्लासगो स्काटलैंड में 13 नवम्बर 2021 सम्पन्न हुई |

भारत में पर्यावरण कानून तथा नियम

विश्वभर में बढती मानवीय जनसंख्या के कारण उनकी मांग की पूर्ति के लिए प्राकृतिक संसाधनों पर बढ़ते दवाब, जिसके प्रभाव से मानव एवं प्रकृति के बीच एक युद्ध की स्थिति उत्पन्न हुई, परिणाम स्वरुप जंगल की कटाई में तीव्र वृद्धि हो गई।

मानव मल एवं अन्य क्रियों के माध्यम से प्रदूषण बढने लगा, फिर वह चाहे जल में कहा जाये या वायु में या मृदा में और जंगलीय जानवारों की हत्या व शिकार बढने लगे है।

कुछ महत्वपूर्ण पौधों और पेड़ो को व्यापारिक रूप से प्रयोग में लाया जाने लगा।

यह सब दुनियाभर में चिंता का विषय बन गया था , इसी के निवारण के लिए राष्ट्रीय व् अंतरराष्ट्रीय स्तर पर सम्मेलनों की शुरुआत हुई और तय किया गया की पर्यावरण को बचाने के लिए कानूनों का निर्माण किया गया।

<u>वन्य जीव (सरंक्षण अधिनियम) 1972</u>

9 सितम्बर 1972 से प्रभाव में आया, जिसे पौधों और जंगली जानवरों की प्रजातियों के संरक्षण के लिए लाया गया।

1972 से पहले भारत में केवल 5 राष्ट्रीय उद्यान थे और 1972 के बाद कई उद्यान अस्तित्व में आये, जिसका उद्देश्य उद्यानों को सरंक्षण रहा और यह योजना राष्ट्रीय स्तर की थी |

इसके अंतर्गत वन्यजीव एवं पेड़ पौधों को 6 सूचियों में विभाजित किया गया है,जिसमें अनुसूची 1, अनुसूची 2 के भाग 2 में आने वाले क्षेत्र को पूर्ण सुरक्षा प्रदान करता है|

जिसमें सूचीबद्ध प्रजातियों के साथ छेडछाड एवं नष्ट करने के प्रयास करने पर उच्चतम दंड का प्रावधान निर्धारित किया गया |

अनुसूची 3 और 4 सूचीबद्ध प्रजातियों को भी सरंक्षित माना है,मगर इसमें दण्ड बहुत ही कम है|

अनुसूची 5 के अन्तर्गत पशु जैसे कौए, चमकादड,चूहे आदि को स्वतंत्र रूप से.शिकार किया जा सकता है|

अनुसूची 6 में सूचीबद्ध स्थानिक पौधों को खेती और रोपड़ से प्रतिबंधित किया गया, इस अधिनियम में 66 धारायें हैं|धारा 1 में अधिनियम के बारे में बताया है कि वन्य जीव जानवरों,पक्षियों, पौधों और उससे जुड़े मामलों को अधिनियमत किया |

उद्देश्य- 1972 अधिनियम का मुख्य उद्देश्य वन्यजीवों और उनके पारिस्थितिक तन्त्र को बचाना हैं |

परिशिष्ट जल(प्रदूषण निवारण तथा नियंत्रण) अधिनियम 1974

जल जीवन का एक महत्वपूर्ण अंग है, जिसका हर किसी के जीवन काल में एक अमूल्य योगदान है, इस लिए जल को प्रदूषण से बचाने के लिए ,यह अधिनियम भारतीय संसद में लाया और यह 23/03/1974 से प्रभाव में आया|

यह अधिनियम मुख्य रूप जलीय ,भू –जल ,समुद्रीय और ज्वारीय जल पर लागू होते है |

इस अधिनियम में, एक महत्त्वपूर्ण संशोधन 1988 को हुआ, वह एक महत्वपूर्ण परिवर्तन के रूप में देखा गया,जिसने राज्य बोर्ड को सशक्त किया और जिसके तहत किसी भी व्यक्ति, अधिकारीं या प्राधिकरण को प्रतिबंधित करने या किसी भी औद्योगिक अथवा उसके प्रचलन पर या प्रक्रिया को रोकने के आदेश जारी किया जा सकता है|

उद्देश्य–जल अधिनियम को लाने का उदेश्य जल को संरक्षित करना एवं जलीय जीवों को बचाना था|

वन (संरक्षण) अधिनियम और कानून के क्षेत्र में हुए कार्य

आज़ाद भारत से पूर्व भी कुछ क़ानून अस्तित्व में थे-

1864- 65 में भारतीय वन सेवा का प्रारम्भ हुआ |

वन अधिनियम 1865,

वन संरक्षण अधिनियम 1878,

वन संरक्षण अधिनियम 1927,

जिनका उदेश्य मुख्य रूप से वनों के संरक्षण को सुनिश्चित करना था, ब्रिटिश सरकार ने वनों में हो रहे शोषण को रोकने के नाम पर, यह कानून बनाने का काम किया |

पहला मुख्य अधिनियम 1878 को माना जाता है, किन्तु इसके भी पूर्व 1864 में भारतीय वन सेवा की स्थापना की और जिसने 1865 के भारतीय वन अधिनियम को तैयार करने में मदद दी |

1865 भारतीय वन अधिनियम ने भारत में ब्रिटिश उपनिवेश का विस्तार किया भारत में वनों पर अपना अधिकार पेश कर दिया, साथ ही वनों पर संरक्षण के नाम पर 1865 अधिनियम बनाया|

1878 वन अधिनियम,

जिसने अपने जंगलों के समुदाय द्वारा सदियों पुराने पारंपरिक उपयोग को छोटा कर और वानिकी पर औपनिवेशिक सरकार का अधिकार भी सुनिश्चित कर दिया और 1865 के अधिनियम ने सरकार को पेड़ों से ढकी हुई किसी भी ज़मीन को सरकारी जंगल घोषित करने और उसके प्रबंधन के लिए नियम बनाने का अधिकार दिया सरकार ने मुख्य रूप से इस अधिनियम के तहत

वनों को संरक्षित किया|

वन संरक्षण अधिनियम 1927

यह अधिनियम 21 सितम्बर 1927 से प्रभाव में आया और इसका भी उद्देश्य वनों का संरक्षण था|

यह राज्य सरकारों के अधिकार में है और जिले स्तर पर वन बंदोबस्त अधिकारी की नियुक्ति की शक्ति देता है|

जो सामन्यतः संम्बंधित जिले का उपायुक्त होता है ,जिसका कार्य संरक्षित वन क्षेत्र के साथ छेड़ –छाड़ मामलों ,दावों और आपत्ति की जाँच करना है|

वन (संरक्षण) अधिनयम 1980

वन संरक्षण अधिनियम वनों की कटाई की रोकथाम के लिए बनाया गया, यह 25 अक्टूबर 1980 से प्रभाव में आया,यह सम्पूर्ण भारत में लागू है|

इस अधिनियम को 1988 में संसोधित किया |

वायु(प्रदूषण की रोकथाम और नियंत्रण) अधिनियम 1981

यह अधिनियम वायु प्रदूषण के निवारण के लिए बनाया गया, यह 29 मार्च 1981 से प्रभाव में आया| विश्वभर में जलवायु परिवर्तन एक बहुत बड़ी समस्या के रूप में उभर रहा था, जिसका प्रमुख कारण वायु प्रदूषण था|

UNEP के निर्माण के बाद भारत पर भी अंतरराष्ट्रीय समुदाय के दबाव के चलते,भारतीय संसद में यह अधिनियम पारित किया और कानून बना |

उद्देश्य- वायु प्रदूषण सबसे सीधे तौर पर जीवन प्रभावित करता इसलिए इसके निदान के लिए यह लाया गया |

-

पर्यावरण संरक्षण अधिनियम 1986

यह अधिनियम 19 नवम्बर 1986 से प्रभाव में आया ,इसका उद्देश्य पर्यावरण का व्यापक रूप से संरक्षण था |

इस अधिनियम के अंतर्गत (पर्यावरण) में जल, वायु और भूमि है, साथ ही उनके सह-सम्बन्ध जल , वायु और भूमि तथा जीवों प्राणियों पादपों और सूक्ष्म जीव जैसे तत्वों से है|

पर्यावरण प्रदूषक एक ऐसा ठोस ,द्रव या गैसीय किसी भी अवस्था में प्रदूषण करते हो उनकी रोकथाम के लिए, यह अधिनियम पारित किया गया|

इस अधिनियम को लाने की पृष्ठभूमि में 1984 के भोपाल गैस लीक जैसी घटना है|

जिसमें एक फैक्ट्री से दुर्भाग्यवश ब्लास्ट से निकलने वाली जहरीली गैस से हजारों लोगों की मृत्यु हो गयी |

सार्वजानिक देयता बीमा अधिनियम 1991

.यह अधिनियम 22 जनवरी 1991 में लागू हुआ| जिसका प्रमुख उद्देश्य पर्यावण प्रदूषण से प्रभावित होने वाले लोगों को जान माल की हानि की क्षतिपूर्ति के लिए बनाया|

इस अधिनियम में 23 धाराएँ हैं , इस अधिनियम की धारा 7A में पर्यावरण राहत कोष की स्थापना की |

प्रतिकारात्मक वन रोपड़ निधि अधिनियम 2016

प्रतिकारात्मक का अर्थ है, जब भी वन भूमि में खनन या उद्योग के लिए प्रयोग में लाये जाने पर वन भूमि को नष्ट किया जाता है ,तो उतने ही(क्षेत्रफल) के बरावर गैर –वन भूमि को ,वन भूमि में परिवर्तित करना होता है|

पर्याविण नियम के चलते वृक्षा रोपड़ के लिए उस सरकारी एवं गैर – संस्था को धन दिए जाने का प्रावधान इस अधिनियम में है |

उद्देश्य – इस अधिनियम से प्रतिकारात्मक वन रोपड़ निधि प्रबंधन एवं योजना प्राधिकरण का गठन हुआ|

इसके तहत अब तक लगभग 32 राज्यों और केंद्र - शासित राज्यों को 48,660 करोड़ की राशि वितरित की जा चुकी है ,इससे वनों को बचानें में सहायता होती है |

राष्ट्रीय हरित न्यायाधिकरण 2010 (नेशनल ग्रीन ट्रिब्यूनल) NGT

राष्ट्रीय हरित न्यायाधिकरण (NGT) का 02/06/2010 को भारतीय संसद में अधिनियम द्वारा गठन किया गया|

1992 में रिओ में हुआ ग्लोबल यूनाइटेड नेशनल कांफ्रेंस और एनवायरनमेंट एंड डेवलपमेंट अन्तरराष्ट्रीय सहमति के बाद से ही इस तरह के,न्यायाधिकरण की जरुरत महसूस हुई और देर से ही सही 2010 में इसका गठन हो गया |

इसकी मुख्य पीठ दिल्ली में और 4 अन्य क्षेत्रीय पीठ भी है – पुणे , भोपाल, चेन्नई और कोलकाता में है, इसके अलावा भी नये क्षेत्रीय पीठ भी बढाऐ जा सकते हैं |

NGT के न्यायधीश, सर्वोच्च न्यायलय के सेवानिवृत जज होते है, साथ ही उच्च न्यायलय के जज सहायक सदस्य के रूप में होते हैं |

उद्देश्य –NGT में सभी प्रकार के पर्यावर्णीय मामले देखे जाते है और इसमें इन अधिनियमों के तहत चुनौती दी जा सकती है |

- जल (रोकथाम और प्रदूषण नियंत्रण)1974
- जल (रोकथाम और प्रदूषण नियंत्रण)उपकर कानून 1977
- वायु (रोकथाम और प्रदूषण नियंत्रण) अधिनियम 1981
- पर्यावरण संरक्षण अधिनियम 1986
- वन संरक्षण अधिनियम 1980
- सार्वजानिक देयता बीमा अधिनियम 1991
- जैव- विविधता कानून 2002

हालाँकि वन्य जीव कानून 1972, भारतीय वन कानून 1927 और राज्य द्वारा जंगल और पर्यावरण रक्षा के कानून NGT के अन्तर्गत नहीं आते हैं|

NGT के तहत पर्यावरण की रक्षा उसके संरक्षण तथा प्रदूषण नियंत्रण के मामलों को तीव्रता लाने में मदद मिली है|

विश्व के प्रमुख देशों के पर्यावरण कानून और उनके उद्देश्य

इंग्लैंड (uk) के पर्यावरण कानून

यह एक यूरोपियन देश है , सर्वप्रथम औद्योगिकीकरण की शुरुआत इंग्लैंड में हुई,साथ ही अन्य यूरोपियन देशों में भी इसका विस्तार बढा और जिसका परिणाम यह रहा की उद्योगों और अन्य आधुनिक संचार माध्यम से होने वाले प्रदूषण के दुष्परिणामों को यूरोप या इंग्लैंड जैसे देशों में ही पहले देखने को मिले|

पर्यावरण प्रदूषण की चिंताए देखने को मिली और उससे निपटने के लिए ,वहां उस वक्त की सरकारों ने कानून बनाना प्रारंभ किया|

चरणबद्ध कानूनी विस्तार -

1306 ई. में एडवर्ड प्रथम ने लन्दन में कोयले की आग पर कुछ समय के लिए प्रतिबंध लगा दिया था|जिसका कारण सम्भवतः कोयले से होने वाले धुएं से स्वास्थ्य पर नकारात्मक प्रभाव माना जाता है|

स्मोक नुइसेंस एबेटमेंट एक्ट 1821 एंड 1853 (धुआं उपद्रव उपशमन अधिनियम)

ब्रिटेन में औद्योगिक क्रांति ने कारखाने के धुएं के रूप में व्यापक प्रदूषण को जन्म दिया |

विशेषज्ञों ने तर्क दिया की,1821धुआं उपद्रव उपशमन अधिनियम केवल एक सावर्जनिक – हित को समझने वाले राजनेताओं के प्रयासों के परिणामस्वरूप हुआ, साथ ही राजनेतओं, ज़मीदारों और उद्योपतियों ने वायु प्रदूषण से होने वाले नुकसान को देखा और उसे निवारण करने के लिए प्रयास किये, जिसके परिणामस्वरुप यह अधिनियम पारित हुआ |

1848 में मेट्रोपोलिटन कमीशन फॉर सीवेज

1848 कानून के तहत साफ़ सफाई करने के प्रयास में शहर के चारों ओर मौजूद गंदे गड्ढों को बंद करने की अनुमति दी थी |

लेकिन गड्ढों के बंद होने के कारण,लोगों ने नदी में सीवेज को जोड़ कर, नदी को प्रदूषित करने के लिए प्रेरित किया |

इसी ने आगे चलकर ब्रिटेन की ससंद ने लन्दन सीवेज के निर्माण तथा विनियमित करने का अधिनियम पारित किया |

1863 (अल्कलाई) क्षार अधिनियम

इस अधिनियम के तहत संसद ने वायु में मुरिअटिक एसिड गैस यह वायुमण्डल में छोड़ी जाती थी |

नियंत्रण के लिए लाया गया, जिसके तहत एक क्षार निरीक्षक और चार उपनिरीक्षक को नियुक्त किया |

यह 1868 में संशोधित कर इसका स्थाईकरण कर दिया गया और 1874 के संशोधन में निरीक्षक पद के स्थान को मुख्य निरीक्षक बना दिया और साथ ही एक निर्देशालय बना दिया गया, यह अपने विभाग के सचिव को सूचित करता था| बाद में 1906 और 1920 में संशोधित कर इसका विभागीय दायरा बड़ा दिया गया |

जिसमें प्रमुख भरी उद्योगों को भी शामिल किया जिसमें धुआँ, धूल, क्षार आदि को शामिल किया|अततः यह पर्यावरण अधिनियम 1990 द्वारा प्रतिस्थापित किया गया |

1950 के आते-आते पर्यावरण गंभीर रूप से प्रभावित था उसका एक स्वरुप ग्रेट स्मोक के रूप में दिखा, जिसके चलते वहां की संसद को सख्त कानून बनाने पर मज़बूर कर दिया |

स्वच्छ वायु अधिनियम 1956(क्लीन एयर एक्ट)

इस अधिनियम का प्रमुख उद्देश्य घरों और व्यापार के लिए उत्सर्जन की सीमा निर्धारित करना था, विशेषकर कोयले से होने वाला उत्सर्जन पर नियंत्रण किया |

धुआं रहित ईधन को बढ़ावा देने के साथ ही विद्युत संयंत्रों को घनी आबादी क्षेत्रों से दूर करने का काम किया |यह अधिनियम आगे चल कर 1968 में चिमनियों की लम्बाई को बढ़ने के लिए संसोधित हुआ |

unep के प्रभाव के चलते विश्वभर के सभी देशों में पर्यावरण काननों को बनाने में तीव्रता आई, जिसमें ब्रिटेन ने भी अपने पर्यावरण कानूनों में विस्तार किया |

यह निम्न है-

प्रदूषण नियंत्रण अधिनियम 1974,

वन्यजीव अधिनियम 1981,

पर्यावरण अधिनियम 1990,

पर्यावरण अधिनियम 1995,

जलवायु परिवर्तन अधिनियम 2008,

उर्जा अधिनियम 2008,10,11

पर्यावरण क्षति विनियम अधिनियम2015 (दा एनवायरमेटल डैमेज प्रिवेंशन एंड रेमेड़ेशन रेगुलेशन एक्ट)

सयुक्त राज्य अमेरिका के पर्यावरण कानून

सयुक्त राज्य अमेरिका विश्वभर में अपनी तकनीकों, खोजों एवं औद्योगिक विकास के नाम से जाना जाता रहा है, किन्तु 20वी सदी के मध्य तक पर्यावरण के नकारात्मक परिणाम गंभीर रूप से दिखाई देने लगे और आम जन मानस के अन्दर पर्यावरण और मानव स्वास्थ्य पर होने वाले नकारात्मक प्रभावों के प्रति चेतना जगने लगी एवं राजनैतिक रूप से भी चर्चा का विषय बनने लगा |

जिस पर "राहेल कार्सन" की किताब "साइलेंट स्प्रिंग" 1962 ने हथोड़े का काम किया|

इस पुस्तक ने पक्षियों और अन्य वन्य-जीवों पर कीटनाशकों विशेष रूप से डी.डी.टी के प्रभावों का दस्तावेजीकरण किया, जिसने पर्यावरण के मुद्दे को प्रखरता प्रदान की साथ ही अन्य प्राकृतिक घटकों जैसे जल,वायु और भूमि प्रदूषण आदि थे|

इसके साथ ही कार्यपालिका, विधायिका और न्यायपालिका के स्तर पर भी कार्य हुए|

न्यायपालिका ने भी कुछ प्रमुख पर्यावरण पर निर्णय दिए| जिससे वहां के पर्यावरण संरक्षण की चेतना में तीव्रता आई, विधायिका ने 1960 से 1980 के बीच में कई कानून पारित किये और उन्हें क्रियान्वयन करने के लिए प्रमुख नियंत्रक संस्था बनाई|

सयुक्त राज्य अमेरिका के पर्यावरण कानून और चरण बद्ध विकास

नदीं और बंदरगाह अधिनियम 1899 यह पहला पर्यावरणीय कानून माना जा सकता है|

उद्देश्य – इसके माध्यम से गैर-कानूनी निर्माण पर नियंत्रण लगाना था |

संघीय जल प्रदूषण अधिनियम 1948

जिसका प्रमुख उद्देश्य प्रदूषित जल को पानी में डालने से रोकने के लिए था, जिसके लिए कुछ मानक तय किये इसका संशोधित प्रारूप स्वच्छ जल अधिनियम (1972,77) रहा |

स्वच्छ वायु अधिनियम (CAA)1963

यह अधिनियम वायु-प्रदूषण को लेकर बनाया गया, जिसमें वायु गुणवत्ता का स्तर बेहतर बनाये जाने के उद्देश्य से 1963 को पारित किया, जिसे सयुक्त राज्य सरंक्षण संस्था EPA नियंत्रित करती है|

मोटर वाहन वायुप्रदूषण नियंत्रण अधिनियम 1965

यह अधिनियम वाहनों से होने वाले प्रदूषण के नियंत्रण को लेकर बनाया गया, यह 1965 को अधिनियमित किया गया और यह वायु गुणवत्ता अधिनियम 1967 राष्ट्र के वायु संसाधनों के गुणवत्ता की रक्षा और समृद्धि के लिए पारित किया गया|

सार्वजनिक स्वास्थ्य अच्छा किये जा सकने के उद्देश्य से भी लाया गया| यह अधिनियम 1977 व 90 में संसोधित हुआ |

लुप्त प्राय प्रजाति अधिनियम (ESA) 1973

यह अधिनियम अमेरिका में संकट ग्रस्त प्रजातियों की रक्षा और गंभीर रूप से संकट ग्रस्त प्रजतियों को बचाने के लिए लाया गया, जिसे 28 दिसंबर 1973 को राष्ट्रपति रिचर्ड निक्सन के हस्ताक्षर कर कानून बनाया गया, यह विलुप्त प्रायः प्रजातियों पर बनाये गए पहले के 1966 और 1969 के अधिनियमों से विस्तृत और व्यापक रहा |

राष्ट्रीय वन्य प्रबंधन अधिनियम (NFMA) 1976

इसका उद्देश्य वनों को सरंक्षित और प्रबंधित करना रहा और साथ ही राष्ट्रीय वनों के विकास के लिए सकारात्मक प्रयास करना और ऐसी तकनीकों को विकसित करने को महत्व दिया, जिससे लकड़ियों को कम कटा जाये |

.

तटीय क्षेत्र प्रबंधन अधिनियम 1972 (CZMA)

यह अधिनियम तटीयराज्य और तटीय क्षेत्र में आने वाली पीढीयों के लिए तटीय क्षेत्रों के संसाधनों को संरक्षित, विकसित और प्रतिस्थापित करने के लिए 27 अक्टूबर 1972 अधिनियमित किया गया |

राष्ट्रीय पर्यावरण अधिनियम 1970

जिसका मूल उद्देश्य मनुष्य और उसके पर्यावरण के बीच उत्पादक और सुखद सद्भाव को प्रोत्साहित करना रहा और उन प्रयासों को बढ़ावा देना जो पर्यावरण और जीव मण्डल को होने वाले नुकसान को रोके या समाप्त करें |

साथ ही मनुष्य के स्वास्थ्य और राष्ट्र के लिए महत्वपूर्ण परिस्थितिक तंत्र और प्राकृतिक संसाधनों की समझ में वृद्धि करना रहा ,पर्यावरण गुणवत्ता परिषद् की स्थापना की और यह अधिनियम 1 जनवरी 1970 से प्रभाव में आया |

सयुक्त राज्य संघ सुपर फण्ड कानून (व्यापक पर्यावरण,प्रतिक्रिया,मुआवज़ा ,देयता अधिनियम 1980 CRCLA)

इस अधिनियम के द्वारा संघीय सुपर फण्ड कार्यक्रम की स्थापना हुई,यह कार्यक्रम खतरनाक पदार्थों से दूषित स्थानों की जाँच और सफाई के लिए बनाया गया |

देशभर में 40 हज़ार संघीय सुपरफंड स्थल हैं और उनमें से 1300 स्थलों को, राष्ट्रीय प्राथमिकता सूची में सूचीबद्ध किये गये यह सबसे अधिक दूषित स्थल माने जाते हैं|

डेनमार्क में पर्यावरण कानून तथा नियम

यह उत्तरी यूरोप का एक खूबसूरत देश है, यह प्राकृतिक खूबसूरती के साथ-साथ पर्यावरणीय परिप्रेक्ष्य से भी अत्यंत शानदार है |

वर्तमान समय में पर्यावरण प्रदर्शन सूचकांक में विश्वभर के 180 देशों की सूची में प्रथम स्थान पर रहता है, इससे यह साफ ज़ाहिर होता है कि पर्यावरण स्वच्छता के मामले में अग्रणी देश है|

जिसका एक कारण, वहाँ के पर्यावरणीय कानून का मजबूत होना और शक्ति से पालन होना है |

जिसमें वहां की सरकारें एवं आम-जनमानस की पर्यावरण के प्रति चेतना है |

कंसोलिडेटेड एक्ट फ्रॉम दा मिनिस्ट्री ऑफ़ दा एनवायरमेंट ओन वाटरकोर्सेज

यह अधिनियम 1992 को डेनमार्क पर्यावरण मंत्रालय ने जलमार्ग के सम्बन्ध में पारित किया, जलमार्ग एवं जलीय पर्यावरण में होने वाले पर्यावरण की हानि और पर्यावरण प्रदूषण रोकथाम के लिए था |

डेनिस वन अधिनियम 1989

यह अधिनियम वन सरंक्षण और प्रबंधन के उद्देश्य से लाया गया है, इस अधिनियम के तहत वनों को संरक्षित करना था|

इस अधिनियम के बाद वनों की स्थिति में सुधार आया, जिसके परिणाम स्वरुप वर्तमान समय में डेनमार्क प्रकृति को बनाये रखने में प्रथम स्थान पर है|

जलीय पर्यावरण नियंत्रण अधिनियम 1993

यह अधिनियम जलीय-जीव एवं जल-प्रदूषण के लिए बनाया गया, इस अधिनियम के बाद जल सरंक्षण, प्रबंधन, अनुसन्धान और प्रशासनिकता के लिए लाया गया |

धनदेयता में वृद्धि भी इस अधिनियम के चलते संभव हुई ,वर्तमान समय में डेनमार्क के जलीयस्त्रोत अत्यंत निर्मल एवं स्वच्छ हो चुके हैं, यह अधिनियम 22 मई 1996 को संशोधित हुआ|

पर्यावरण और अनुवान्सिक अभियान्त्रिय पर अधिनियम 1991

यह अधिनियम 6 जून 1991 को अधिनियमित किया गया,इस अधिनियम का मुख्य उद्देश्य विज्ञान और प्रकृति के साथ अनुवांशिकीय तौर पर सीमित एवं प्रकृति की सीमाओं का ध्यान रखने तथा जन जीवन की मर्यादाओं को बचाए रखने पर था|

उदाहरण – कृत्रिम बीजों के अनुवांशिकी अधिक प्रयोग पर नियंत्रण रहा - कोर्न, सोया, बीन,राइस आदि|

इस अधिनियम में समय -समय पर संशोधन किये गए ,जिसमें से प्रमुख तौर पर 2002 का संशोधन सबसे महत्वपूर्ण रहा |

पर्यावरण सूचना तक पहुँच अधिनियम 1994

यह अधिनियम पर्यावरण मामलों में सूचना भागीदारी और पर्यावरण न्याय तक पहुँच सुनिश्चित करने का काम करता है, सूचना तक पहुँच ,खुले पारदर्शी निर्णय लेने के लिए अनुकूल होती है|

यह अधिनियम विश्वास पैदा करता है और पहले से ध्यान न देनें वाली समस्या को प्रकाश में लाने या वैकल्पिक समाधान प्रसारित करने के लिए पर्यावरण नीतियों और उनके विनियमों की दक्षता को प्रभावशाली बनाता है

इस अधिनियम पर 1992 में हुए रिओ डी जनेरिओ के सयुक्त राष्ट्र सम्मेलन का भी प्रभाव देखने मिलाता है|

जापान में पर्यावरण कानून तथा नियम

जापान एशिया का पूर्वी एशियी देश है, साथ ही एशिया में सबसे विकसित देशों में से भी एक है|

वर्तमान समय में पर्यावरणीय मापदंडों पर एशियाई देशों में सबसे खरा उतरने वाला देश है|

पर्यावरण प्रदर्शनी सूचकांक EPI 2020 में विश्वभर में 12वे स्थान के साथ अपनी पर्यावरण के प्रति जागरूकता का प्रदर्शन करता है|

1950 एवं 1960 के दशक में हुई पर्यावरणीय त्रासदियों के चलते एशिया के अन्य देशों से पहले ही जागरूक होकर सुधारात्मक प्रयोग प्रारंभ कर चुका था|

जिसके सकारात्मक परिणाम वर्तमान में देखे जा सकते हैं, जिसके चलते जापान की आम-जनमानस में चेतना का स्तर एशियाई देशों में ही नहीं ,अपितु वैश्विक स्तर पर भी अग्रणी रूप से नज़र आता है,यह उनकी जीवनचर्या में भी प्रदर्शित होता है

बुनियादी कानून (योजना)1994

यह योजना दिसंबर 1994 में मूल पर्यावरण कानूनों के आधार पर तैयार की गई थी |

यह जापान के पर्यावरण नीति की सामान्य दिशा को रेखांकित करती है|

योजना को पर्यावरण की रक्षा के लिए ठोस प्रयास में,समाज के सभी क्षेत्रों को शामिल करने के लिए तैयार किया गया है, यह योजना 21वी सदी के मध्य को ध्यान में रखते हुए पर्यावरण नीति के बुनियादी दृष्टिकोण को दर्शाती है और चार दीर्घकालीन उउद्देश्यों की पहचान करती है|

यह योजना उन उद्देश्यों को प्राप्त करने के लिए 21वी सदी की शुरुआत तक लागू किये जाने वाले उपायों की दिशा भी निर्धारित

करती है यह योजना जापान पर्यावरण नीतियों पर बने पर्यावरण प्रदूषण नियंत्रण के कानून पर आधारित है|

यह निम्न हैं –

पर्यावरण प्रदूषण अधिनियम 1967,

प्राकृतिक संरक्षण कानून 1972,

1971 से जापान में पर्यावरण मंत्रालय की नीव रखी गई |

यह दोनों प्राकृतिक पर्यावरण को सरंक्षण देने और औद्योगिक प्रदूषण से निपटने के लिए लाये गए ,यह सफलता पूर्वक कार्यरत रहे|

1963 में लायी यह योजना एक ऐसे समाज का निर्माण करने पर जोर दिया,जो बिना आर्थिक रूकावट के टिकाऊ हो और वैश्विक पर्यावरण के सरंक्षण के लिए भी सकारातमक योगदान दे|

इस कानून के बुनियादी सिदान्त

समाज के प्रत्येक क्षेत्र की जिम्मेदारी को निर्धारित करना रहा, जिसमें राष्ट्रीय और स्थानीय सरकारें ,निगम और नागरिक शामिल हैं |

यह पर्यावरण सरंक्षण के लिए बुनियादी नीतियों की एक सूची देता है,जिसमें बुनियादी पर्यावरण योजना का निर्माण और पर्यावरणीय प्रभाव मूल्यांकन को बढ़ावा देना उद्देश्य है |पर्यावरण सरंक्षण समस्यों से बाधाओं को दूर करने के लिए आर्थिक उपाये और वैश्विक पर्यावरण की समस्या से निपटने के उपाय करना शामिल है|

यह नीतियों को विकसित करने के लिए आवश्यक परिषद् के निर्माण को निर्धारित करता है|

पर्यावरण अर्थव्यवस्था और भविष्य के समाधान

पर्यावर्णीय अर्थव्यवस्था को विकसित करना भविष्य का प्रमुख उद्देश्य होना चाहिए |

पर्यावर्णीय अर्थव्यवस्था– यह प्राथमिक क्षेत्र अर्थव्यवस्था है, जिसमें प्रकृति द्वारा उत्पन्न की गई जीवनदाई तत्वों को रोज़गार एवं जीवन-यापन कर सकने का माध्यम बनाये जाने पर जोर दिया जाता है, यह आगे भविष्य में मानवीय आवश्कता है|

प्रत्येक व्यक्ति को जीवन यापन करने के लिए धन की आवश्कता होती है , जिसके लिए वह कई माध्यम चुनता है और उसमें से एक माध्यम पर्यावरण को अर्थव्यवस्था बना कर भी किया जा सकता है, जिससे प्रकृति के दोहन में कमी आयेगी और पर्यावर्णीय सतत विकास के लिए भी कारगर उपाये होंगे|

इसको सार्थक बनाने में समाज के प्रत्येक वर्ग की भूमिका की आवश्कता है|

जैसे – सरकार, गैर- सरकारी संस्थान, सरकारी संस्थान, सहकारी संस्थान, पूंजीपति और आम- जनमानस इन सबको को मिलकर भूमिका निभानी होगी|

इसके तहत सरकारों द्वारा हरित अर्थव्यवस्था को बढ़ाने के लिए पर्यावर्णीय कार्यक्रमों को बढ़ावा देना होगा|

यह आम जनमानस की चेतना में पर्यावरण को लाये जाने के लिए आवश्यक है|

जैसें -गार्डेन निर्माण कार्यक्रम तथा बगीचों का निर्माण, किचिन गार्डेन , बागबानी, टेरिस गार्डेन, सार्वजानिक गार्डन आदि प्रमुख हैं |

प्रत्येक सार्वजनिक गार्डन में एक छोटी नर्सरी की व्यवस्था की जाये, जिससे वहाँ रोज़गार के अवसर उत्पन्न किये जा सके और उसी से वहाँ का खर्चा व्यय किया जा सके|

छोटी नर्सरी को 3 तरह के पौधों के आधार पर वर्गीकृत किया जाये|

पहला –ऑक्सीजन पौधे,

दूसरा – आयुर्वेदिक पौधे,

तीसरा - पुष्पीय पौधे,

सरकारी ,गैर- सरकारी संस्थान, सहकारी संस्थान, पूंजीपति और आम जनमानस इन सब को मिलकर भूमिका निभानी है और एक ऐसे तंत्र का निर्माण किया जाये जिसमें स्वचेतना की प्रमुख भूमिका हो, जिसमें पूंजीपति, पूंजी लगाये और गैर सरकारी संस्थान पर्यावरण चेतना विकसित करे और सरकार उन्हें ज़रूरी अनुदान दे और भूमि आबंटन में सहयोग करे, जिससे युवा रोज़गार पा सकेंगे|

साथ ही उद्यानिकी एवं अन्य विभागों द्वारा पर्यावरण में रोज़गार उत्सर्जित करने के लिए प्रशिक्षण कार्यक्रय प्रारंभ किये जाने चाहिए |

हरित अर्थव्यवस्था को विकसित करने लिए सरकार द्वारा जीडीपी का 10% पर्यावरण के लिए खर्च किया जाये |

यह पर्यावरण शिक्षा, स्वच्छता कार्यक्रम, जल उपचार और प्रकृति का सौन्दर्यीकरण किया जाये जो पर्यटन के केंद्र के रूप में विकसित हो सके|

जिसके परिणाम स्वरुप सीधे फायदे होगें जैसे- स्वास्थ्य पर खर्च कम होगा साथ ही पर्यावरण में सुधार और रोज़गार भी उत्पन्न होगा |

केंद्र सरकार एक केन्द्रीय आयोग का गठन करे, वह प्रत्येक MNC कंपनियों के लिए समिति का गठन करे |

जिसका नाम-

"उद्योग पर्यावरण विनिमय आयोग " होगा | INDUSTRIAL ENVIRONMENT REGULATORY COMMISSION (IERC)

प्रत्येक MNC में एक समिति का गठन करने की आवश्यकता है - जो इस नाम से आयोग द्वारा गठित होगी |

उद्योग पर्यावरण विनमय समिति (industrial environment regulatory committee) IERC

जिसका कार्य यह सुनिश्चित करना होगा की कंपनी द्वारा मुनाफे का 10% पर्यावरण लघु–माध्यम उद्योग को विकसित करने के लिए निवेश करने की अनिवार्यता को पूरा करे, जिसका विनिमय यह समिति करेगी |

यह समिति वार्षिक रिपोर्ट केंद्र सरकार को पेश करेगी, इसी रिपोर्ट के आधार पर सरकार द्वारा कर में रियायत दी जाएँ|

<u>समिति संरचना</u>

सदस्य संख्या - 5

कार्यकाल - 5 वर्ष

समिति गठन - केंद्र सरकार द्वारा गठित आयोग करेगा |

सदस्य नियुक्ति - केंद्र आयोग

समिति सदस्यों की योग्यता

जिसमें एक वकील, एक कम्पनी सदस्य ,एक पर्यावरण विद, एक लेखा परीक्षक और पर्यावरणीय अर्थशास्त्री होगा |

इसी समिति के समान ही आयोग गठन होगा

पर्यावरण के लिए शिक्षा संस्थान तथा अनुसंधान केंद्रों का निर्माण एवं सरकार द्वारा पर्यावरण गारंटी स्कीम की स्थापना करना है| पर्यावरण के घटकों को बचाने के लिए उच्च्य तकनीक का प्रयोग करना और उस पर जोर देना |

पर्यावरण लघु उद्योग

- पर्यावर्णीय लघु उद्योग निर्मित किये जाये जिसको राज्य सरकार संरक्षण दे |
- इसमें पौधों को नए रूप में विकसित किया जाये, मिट्टी के गमलों और अन्य पर्यावर्णीय उत्पाद इसमें शामिल हो सकते हैं ,वह व्यापर का रूप ले सकेगें |

- बैंकों द्वारा पर्यावर्णीय उद्योगों के विकास के लिए लोंन की उपलब्धता कराने पर जोर दिया जाये |

पर्यावरण सहकारी संगठन

आम-जनमानस और छोटे व्यापारियों की जिम्मेदारी है कि वह सामाजिक स्तर पर सहकारी संगठन बनायें और स्थानीय स्तर पर पर्यावर्णीय घटकों और पर्यावरण को बचाने के लिए प्रयास करे |

छोटे व्यापारियों से फण्ड जुटाये और मानव संसाधन के रूप में लोगों के माध्यम से क्षेत्रीय स्तर पर पेड़ों, नदियों, पार्कों और प्राकृतिक संसाधनों को संरक्षण प्रदान करे और साथ ही रोजगार निर्मित करने का प्रयास करें|

यह सामाजिक सहयोग हर रूप में वैश्विक सेवा है , यह आने वाली अपनी पीढ़ीयों को सुन्दर भविष्य प्रदान कर सकेगा |

गैर सरकारी संगठन

NGO का उत्तरदायित्व है कि, वह समाज के हर वर्ग में पर्यावरण के प्रति जागरूक कर, आम जन -मानस में पर्यावरण के विषय को चर्चा में लाये इसके महत्त्व को समझाए|

NGO द्वारा मुख्य प्रयासों में किताब लेखन, सोशल मीडिया और अखवारों को माध्यम बना कर पर्यावरण को बचाने में अपनी भूमिका निभाएँ |

जिन समाजों का चिंतन जितना ऊँचा होता है ,वह उतने ही उन्नत होते हैं, और पर्यावरण की बेहतर स्तिथि को दर्शाते हैं|

यह भी संभव है कि सहकारी संगठन और गैर सरकारी संगठन साथ ही छोटे व्यापारी मिलकर काम करें और सम्पूर्ण रूप से पर्यावरण का संरक्षण सुरक्षित करें |

सतत विकास

सतत विकास की अवधारणा को पर्यावर्णीय समस्यों के एक समाधान के रूप में देखा जा सकता है|

सतत विकास का अर्थ है– विकास की वह अवधारणा जिसमें हम आर्थिक विकास के साथ- साथ पर्यावरण की सीमाओं को ध्यान में रख कर प्राकृतिक संसाधनों का सीमित प्रयोग करें |

यह वर्तमान समय में पर्यावर्णीय चिंतन के केंद्र में रहा है और लगातार कई.सरकारों द्वारा क्रियान्वयन में लाया जा रहा है ,किन्तु यह अभी आम- जनमानस के जीवन का हिस्सा नहीं बन सका है|

इसे आम जन मानस के जीवन का हिस्सा बनाने के लिए पर्यावरण को अर्थव्यवस्था बनाने की जरुरत है|

www.ingramcontent.com/pod-product-compliance
Lightning Source LLC
La Vergne TN
LVHW050411160726
843469LV00041B/1028

* 9 7 8 9 3 5 6 1 0 4 7 5 4 *